서
늘
한

말

나를 깨우는 서늘한 말

노재현 지음

중앙 books
JoongAng Ilbo

불친절한 세상,
세상을 명료하게 밝혀줄 서늘한 문장들

우리는 말에 의지하여 살아갑니다. 말 중에서도 짧지만 여운이 긴 격언, 속담, 명언 등은 특히 많이 회자됩니다. 낫을 본 적조차 없는 대도시 어린이들도 '낫 놓고 기역자도 모른다'는 속담을 읊고, 고등학생들은 교실에 걸려 있는 '지금 자면 꿈을 꾸지만 지금 공부하면 꿈을 이룬다'는 급훈을 보며 잠을 쫓기도 합니다. 한자를 좀 배우고 나서는 '고진감래(苦盡甘來)'나 '진인사대천명(盡人事待天命)'을 책상 앞에 붙여놓습니다.

필자도 마찬가지였습니다. 초등학교 저학년 시절 '노력 끝에 성공'이라고 그야말로 단순무식 돌직구 구호를 종이에 써 벽에 붙여놓았던 기억이 납니다. 세월이 흐르면서 돌직구체는 은유와 비유, 역설이 깃든 세련된 표현으로 진화하고, 인생 경험이 더 쌓이면서 좋아하는 명언도 관조와 공감 등 '울림'을 중시하는 쪽으로 바뀌게 됩니다.

신문기자 생활 15년 차에 처음 논설위원이 된 이후 15년 가까이 칼럼, 사설 등을 정기적으로 집필한 경험이 있습니다. 내 글이 사회에

도움을 주지는 못할망정 폐를 끼치지는 말자고, 다툼을 증폭시키지는 말자고 다짐하곤 했습니다. 그래서 나보다 나은 이들, 특히 앞서 살다 간 분들이 남긴 좋은 말들을 많이 접하고자 했습니다. 이 책의 대부분은 그 과정에서 얻은 결과물입니다.

이 책은 2015년 봄에 쓰기 시작했습니다. 몇 가지 동기와 의욕이 마음속에서 뭉게뭉게 솟구쳤기 때문입니다. 명언집은 세상에 이미 많이 나와 있고, 인터넷상에는 훨씬 더 많은 금언, 격언, 속담들이 돌아다닙니다. 비슷한 책, 비슷한 모음집이라면 구태여 더 보탤 까닭이 없습니다. 진부하거나 식상한 것들은 빼고 '명언 중의 명언'만 고르고 싶었고, 되도록 내면의 울림에 호소하는 문구들로 상차림을 하고 싶었기 때문입니다.

집필 과정에서 달콤하고 감미로운 위로와 위안, 이른바 힐링(healing) 효과를 노리는 말들은 아깝더라도 과감하게 버렸습니다. 대신 세상 일의 급소를 찌르거나 읽는 이가 스스로 돌아보게 하는 말들은 꼭 챙기고자 애썼습니다. 그래서 제목이 '서늘한 말'입니다.

저는 위로뿐인 말로는 진정한 위로가 불가능하다고 생각합니다. 물론 쓴 약을 삼키려면 때로 겉에 설탕을 입힌 당의정 형태가 필요합니다. 그러나 너무 많으면 쓰레기입니다. 요즘 우리 사회엔 당의정이 넘쳐납니다. 어떤 당의정은 속에 약도 없이 설탕뿐이면서 약인 체합니다. 사기입니다. 차라리 쓴맛 그대로가 좋습니다. 상처에 뿌리는 소금일 수도 있지만, 그래도 아플 때는 그냥 아파하는 게 더 낫습니다.

모든 것을 사회구조 탓으로 돌리는 풍토에도 작은 반기를 들고 싶었습니다. 구조 문제는 물론 타당하고 중요하지만, 세상과 나의 관계를 100퍼센트 설명하지는 못합니다. 개인의 자유와 책임에도 제 몫을 지워야 합니다. 당신의 불행은 모두 당신 아닌 바깥세상 탓이다, 라고 속삭이는 말은 반만 믿으십시오. 수처작주(隨處作主)라는 말처럼, 어디에서 무엇을 하든 당신 삶의 주인은 바로 당신입니다. 남이 대신 살아주지 않습니다.

책에 실린 명언들을 누가 처음 말했는지, 맨 먼저 어디에 등장하는지 등 가능한 한 출전을 밝히고자 했습니다. 필자가 개인적으로 체득한 말도 일부 포함돼 있습니다. 영어나 일본어 표현이 있을 경우 우리말과 함께 실었습니다. 덕분에 잘 하지도 못하는 영어·일본어가 필자 때문에 고생을 했습니다. 무엇보다 나의 모국어에 누를 끼치지는 않았는지 저어됩니다.

글의 길이와 감동은 비례하지 않습니다. 장문의 명문장, 명연설도 많지만 짧은 명언이 가진 함축성과 간결성은 그 무엇도 따라오기 힘듭니다. 명언 명구 한 마디는 사람의 인생을 바꾸는 힘을 갖고 있습니다. 이 책은 어디서부터 읽어도 상관없습니다. 당신의 잠을 깨우고, 당신의 마음을 조금이라도 서늘하게 한다면 그것으로 충분합니다.

2015년 겨울 문턱에
노재현

차례

1

세상은 너를 가진 적 없다

나는 자신을 동정하는
야생동물을 보지 못했다.
얼어 죽어 나무에서 떨어지는 작은 새조차도
자신을 동정하지 않는다.

－D. H. 로런스(1885~1930, 영국 작가)

I never saw a wild thing
sorry for itself.
A small bird will drop frozen dead from a bough
without ever having felt sorry for itself.

소설 《채털리 부인의 연인》으로 유명한 로런스의 시 '자기 연민(Self-pity)'의 전문이다. 힘들거나 지쳤을 때, 그래서 스스로를 위로하고 정당화하고 보상하고픈 유혹이 스멀스멀 피어오를 때 읽으면 마치 찬물을 뒤집어쓰는 느낌이다.

자기 연민은 인간의 특권이다. TV 자연다큐멘터리 프로그램에서 포식자에게 공격당해 죽어가는 초식동물의 눈동자를 본 적 있는가. 의외로 담담하다. 사람만이 어제를 회상하고 내일을 걱정한다. 스스로를 다독일 줄 안다. 야생동물인 작은 새는 다르다. 꽁꽁 얼어 마침내 나뭇가지를 움켜쥔 네 발가락에서 힘이 빠져나가며 땅으로 떨어지지만, 자신을 동정하지 않는다. 자기 연민에 기대고 싶을 때, 동사(凍死)한 작은 새를 떠올리며 거꾸로 용기를 얻는 것은 왜일까.

이 시를 처음 대한 것은 영화 '지아이 제인'(1997년)에서다. 미국 해군 특수부대인 네이비 실에 최초의 여성으로 입대한 조던 오닐(데미 무어)을 혹독하게 훈련시켰던 교관(비고 모르텐슨)이 훈련이 모두 끝난 수료식 날 오닐에게 넌지시 시집 하나를 건넨다. 시집을 펼치자 한 편의 짧은 시가 눈에 들어온다. 바로 '자기 연민'이다.

세상이 너를 버렸다고 생각하지 마라.
세상은 너를 가진 적이 없다.

You don't need to think that you were abandoned by the world.
The world never took you before.

스스로에게 냉정하기는 어렵다. 일이나 인생을 꼬이게 만든 '타당한' 이유들이 산처럼 쌓여 있을 때는 더욱 그렇다. 우리는 상당 부분이 개인적인 문제일지라도 연원을 사회 구조에서 찾는 데 익숙하다.

그러나 외부 요인은 잘 쳐주어야 절반 정도라고 믿고 싶다. 안 그렇다면 세상을 내 판단과 힘으로 애써 헤쳐 나갈 이유가 없다. 우리가 자유의지라고 믿는 것이 실은 자유의지가 아니라는 학자들도 있지만, 그건 너무 가혹하고 무책임하다. 세상은 나 말고 누가 대신 살아주는 게 아니다. 물론 나의 어려움은 세상 탓이기도 하다. 그러나 그 세상은 자기 잘못을 인정하고 순순히 태도를 바꾸는 그런 착한 존재가 아니다.

"세상이 너를 버렸다고 생각하지 마라. 세상은 너를 가진 적이 없다"는 말은 일부, 특히 한국의 인터넷 공간에서는 독일의 명장 에르빈 롬멜(1891~1944)이 한 것인 양 알려져 있다. 제2차 세계대전 당시 독일의 전쟁 영웅이자 '사막의 여우'라는 별명으로 유명한 롬멜은 히틀러 암살 음모에 연루되었다는 의혹을 받고 히틀러 친위대의 강요에 의해 자살로 생을 마감한 인물이다.

인터넷상에 원문("Denk nicht, die Welt hat dich verworfen. Die Welt hat dich nie besessen.")이라며 독일어 문장이 돌아다니기도 한다. 개인적으로 독일에 살고 있는 친지와 그의 독일인 친구를 통해 사실 여부를 알아보았다.

"롬멜이 말했다는 증거를 찾아볼 수 없을 뿐 아니라, 많은 독일인들이 이 '명언' 자체를 알지 못한다. 아마 한국에서만 유명한 롬멜 명

언인 것 같다"는 대답이 돌아왔다. 최소한 롬멜의 발언이 아닌 것만
은 확실해 보인다.

불가사의한 승리는 있지만
불가사의한 패배는 없다.

－ 노무라 가쓰야(1935〜, 일본 야구선수·감독)

勝ちに不思議の勝ちあり，負けに不思議の負けなし．

사법시험이나 행정고시 같은 어려운 시험을 준비하는 고시생들 사이에 오래전부터 통용되는 격언이 있다. "불합격자 중에 실력 있는 수험생은 있지만 합격자 중에 실력 없는 수험생은 없다"는 말이다. 일단 합격권에 드는 실력부터 쌓아놓고 운이나 다른 요인에 기대라는 뜻이다.

승리와 패배가 바뀌었을 뿐 노무라 가쓰야(野村克也) 감독의 명언도 비슷한 맥락이다. 운이 따라주어서 다 지던 경기를 뒤집을 수도 있고, 실수 남발에도 불구하고 쑥스럽게 승리하는 경우도 있다. 개운하지 않고 납득이 가지 않는 이상한 승리다. 그런 승리는 있을 수 있다.

그러나 패배는 다르다. 이해가 되지 않는 패배란 없다. 아니, 없어야 마땅하다고 노무라는 강조한다. 졌다는 사실을 있는 그대로 겸허하게 받아들이지 못하고 일진이나 우연 탓으로 돌리면 패배에서 아무것도 배우지 못한 셈이다. 깨끗이 인정하고 원인을 파헤치라는 말이다. 노무라는 일본 프로야구에서 한국의 김성근 같은 존재다. 그의 통산 3,017경기 출전 기록은 아직 깨지지 않았다.

확실한 성공 공식을 줄 수는 없지만,
확실하게 실패할 공식은 줄 수 있다.
그건 언제나 모든 사람을 만족시키려고
애쓰는 것이다.

– 허버트 바야드 스워프(1882~1958, 미국 저널리스트)

I can't give you a sure-fire formula for success,
but I can give you a formula for failure:
try to please everybody all the time.

언제나 모든 이를 만족시키려 애쓰는 것은 일면 미덕일 수 있다. 그러나 성공에는 장애물이 된다고 스워프는 말한다. 끊임없이 주변 눈치를 살피고 비위를 맞추느라 자신만의 장점과 가능성을 포기하기 때문이 아닐까.

그러고 보면 성공한 사람들은 무언가 결기랄까, 뾰족한 구석을 대체로 지니고 있다. 미국 언론인 스워프는 퓰리처상 최초 수상자이자 도합 3회 수상자다. 동·서 진영의 대립을 의미하는 '냉전(Cold War)'이라는 용어를 버나드 버루크나 월터 리프먼에 앞서 처음 사용한 사람으로도 유명하다.

만약 우리가 터널 끝에서 반짝이는 빛을 본다면,
그건 다가오는 열차가 내는 빛이다.

− 로버트 로웰(1917∼1977, 미국 시인)

If we see light at the end of the tunnel,
it is the light of the oncoming train.

지금 캄캄한 터널 속을 걷고 있다. 터널 길이가 어느 정도인지도 모른다. 너무 깊숙이 들어와 버려서, 되돌아가기엔 이미 늦었다. 모든 터널에는 끝이 있고, 그 증거는 태양이 선사하는 빛이다. 절망감에 지칠 무렵 저 멀리 희미한 빛이 보인다. 터널이 끝나는가 싶어 가슴이 벅찬 것도 잠시, 규칙적인 기계음이 빛과 함께 빠르게 다가오기 시작한다. 반대편에서 오는 기차의 전조등이 내는 빛이라는 것을 아는 순간 전율이 인다. 애쓴 보람도 없이 기차에 치여 죽을 운명에 처한 것이다.

눈 위에 서리까지 얹힌다는, 설상가상(雪上加霜)을 연상하게 하는 말은 많이 있다. 증권가에는 "바닥을 친 줄 알았더니 밑에 지하실이 있더라"는 농담이 있다. "쓰레기차 피하려다 똥차에 치인다"는 속된 표현도 있다. 뜻대로만은 되지 않는 세상. 항심(恒心)을 유지하는 것은 그만큼 어려운 일이다. 언제나 마음 한편에 빈 공간을 마련해두어야 하는 까닭이다.

"만약 우리가 터널 끝에서 반짝이는 빛을 본다면, 그건 다가오는 열차가 내는 빛이다"라는 말은 미국 시인 로버트 로웰의 '1939년 이후 (Since 1939)'라는 시의 한 구절이다. 로웰의 시집 《데이 바이 데이 (Day by Day)》(1977년)에 수록돼 있다. 재미있는 것은 이 시구가 베트남 전쟁 옹호자들에 대한 통렬한 비판과 경멸을 품고 있다는 점이다. 1960년대 미국의 베트남전 찬성론자들은 "이제 터널의 끝에서 빛이 보인다"는 비유를 즐겨 사용하며 미국의 승리가 임박했다고 주장했다. 대표적인 예로 언론인 조지프 앨솝(Joseph Alsop, 1910~1989)은 1965년 12월 신문 칼럼을 통해 "베트남에서 프랑스가 실패했으므로 미국도 진다는 주장은 잘못된 것이다 … 마침내 터널 끝에 빛이 보인다"고 역설했다.

물론 그로부터 8년 후인 1973년 미군은 베트남에서 철수했으며, 1975년에는 남베트남 수도 사이공이 함락되면서 베트남은 공산세력에 의해 통일되었다. 제2차 세계대전과 베트남 전쟁에 반대했던 반전주의자인 로버트 로웰의 시구가 겨냥한 것은 전쟁 옹호론자들의 대책 없는 자기 확신과 근거 없는 낙관주의였다.

단식하며 기도하라.
반드시 좋지 않은 일이 일어날 것이다.

− 레바논 격언

상식을 뒤집는 격언이다. 기도를 하면 오히려 나쁜 일이 일어난다니 말이다. 극도로 현실적이고 세속적인 격언이라고 이해해야 할까. 레바논은 중동에서 이례적으로 다종교 국가다. 기독교 계통 세력과 이슬람 계통 세력이 팽팽한 긴장을 유지하고 있다. 중동분쟁에 휘말려 많은 비극을 겪었고, 요즘도 테러사건이 빈번히 일어난다.

이 역설적인 격언에는 기도만으로는 현실이 개선되지 않는다는 냉정한 통찰이 담겨 있다. 레바논에는 "쥐의 정의보다 고양이의 폭정(暴政)이 낫다"는 속담도 있다. 오랜 역사와 풍파를 거치면서 형성된 그들 나름의 지혜라고 보아야겠다.

거울이 우리의 겉모습만 비춰주는 것을
고맙게 생각하자.

− 새뮤얼 버틀러(1835~1902, 영국 시인)

Let us be grateful to the mirror for revealing
to us our appearance only.

동화 《백설공주》에서 마녀인 왕비는 매일 거울을 향해 "거울아 거울아, 이 나라에서 누가 제일 예쁘지?"라고 묻는다. 만일 거울이 처음부터 왕비의 마음 됨됨이까지 판단해 대답할 줄 알았다면 '백설공주'의 줄거리는 훨씬 짧았을 것이다.

거울이 겉모습만 비춰주는 덕분에 우리는 거울 앞에서 옷차림이나 머리 매무새만 고치면 된다. 예뻐진 내 모습에 살짝 나르시시즘에 빠져드는 즐거움도 누린다. 그러나 만일 나의 내면세계까지 비춰준다면? 남들은 모르는 나만의 단점, 얼룩진 과거, 지워지지 않는 흉터까지 낱낱이 드러난다면? 누구도 거울 앞에 자신 있게 설 수 없을 것이다.

"겉모습만 비춰주는 거울을 고마워하라"는 새뮤얼 버틀러의 말은 동양 고전 《중용(中庸)》과 《대학(大學)》에 나오는 '신기독(愼其獨)'을 연상케 한다. 홀로 있을 때일수록 더욱 조심하고 삼가라는 뜻이다.

꽃은 노인을 위해 피지 않는다.

－유우석(劉禹錫, 772~842, 당나라 시인)

평균수명과 건강수명이 다함께 늘어나면서 중·노년의 성(性) 문제도 점차 부각되고 있다. 자연스러운 흐름이다. 그러나 자연스러운 권리와 주책없음, 나아가 변태, 더 나아가 성범죄는 각각 종이 한 장 차이에 불과할 수도 있다.

당나라 시인 유우석의 '모란꽃을 보며 술을 마시다(飮酒看牡丹)'를 소개한다. 모란꽃은 늙은이를 위해 핀 게 아니라는 마지막 구절이 특히 중·노년층에게는 통렬하게, 쓸쓸하게 다가온다.

今日花前飮
甘心醉數杯
但愁花有語
不爲老人開

오늘 꽃 앞에서 술을 마신다
마음이 동해 취하도록 마셨네
다만 서러운 건 꽃이 하는 말
댁 같은 노인 위해 핀 게 아니랍니다

네가 선하기 때문에 세상이 너에게
공평할 것이라고 기대하는 것은
네가 채식주의자이기 때문에
황소가 덤벼들지 않을 것이라고
기대하는 것과 똑같다.

−데니스 홀리(1939∼, 미국 TV프로그램 진행자 · 작가)

Expecting the world to treat you fairly because you are good is like
expecting the bull not to charge because you are a vegetarian.

나의 입장에서, 세상에서 가장 중요한 존재는 바로 나다. 그러나 세상은 나를 중심으로 돌아가지 않는다. 사람들은 종종 이 두 가지를 혼동한다. 누가 보아도 착한 사람이 재앙을 만나거나 남에게 괴롭힘을 당할 때 우리는 "하늘도 무심하시지"라고 탄식한다. 탄식은 자유이지만, 이제까지의 경험칙으로 보면 자연은 그저 담담하고 무심할 뿐이다. 선악을 가리지 않는다.

그러므로 냉철해야 한다. 천동설(天動說)의 착각에서 벗어나 자신을 객관적으로 바라보는 연습이 필요하다. 새의 눈(bird's-eye view)과 벌레의 눈(worm's-eye view)을 조합한 밝은 안목이 필요하다.

기억하라.

누구도 당신의 동의 없이

당신이 열등하다고 느끼게 만들지 못한다.

– 엘리너 루스벨트(1884~1962, 미국 인권운동가)

Remember, no one can make you feel inferior without your consent.

엘리너 루스벨트는 미국 32대 대통령 프랭클린 루스벨트의 부인이지만, 단순한 대통령 부인으로서보다는 여성과 소수자를 위해 정력적으로 활동한 인권운동가로 더 존경받는다. 유엔인권위원회 의장도 지냈다. 그녀는 6세 때 어머니, 10세 때 아버지를 여의고 매우 힘든 환경에서 자랐다. 루스벨트와 결혼한 뒤에도 평생 고부 갈등과 남편의 바람기에 시달렸다.

"상처 없는 성(城)이 어디 있으랴"는 노래 가사처럼 누구나 가슴 한 구석에 열등감을 숨기고 산다. 그것을 밖으로 얼마나 표출하는지, 열등감을 우월감인 양 비틀어 발현하는 심리기제 구사 여부가 사람에 따라 다를 뿐이다.

엘리너 루스벨트는 자신의 상처를 한탄하거나 그저 어루만지는 데 그치지 않고 남을 위해 적극적으로 헌신하는 동력으로 삼았다. 내가 열등한지 아닌지는 남이 아닌 바로 내가 결정하는 것이라는 그녀의 말은 삶에 지친 많은 이들에게 용기를 준다. 그녀가 위대한 미국 여성 중 한 명으로 손꼽히는 이유다.

세상이 당신의 삶을 책임져야 한다고 믿지 마라.
세상은 당신에게 빚진 게 없다.
세상은 당신보다 먼저 여기에 있었다.

－로버트 버디트(1844~1914, 미국 목사)

Don't believe the world owes you a living.
The world owes you nothing. It was here first.

정호승 시인이 시 '술 한잔'에서 말했다.

> 인생은 나에게
>
> 술 한잔 사주지 않았다
>
> 겨울밤 막다른 골목 끝 포장마차에서
>
> 빈 호주머니를 털털 털어
>
> 나는 몇 번이나 인생에게 술을 사주었으나
>
> 인생은 나를 위해 단 한번도
>
> 술 한잔 사주지 않았다
>
> 눈이 내리는 날에도
>
> 돌연꽃 소리없이 피었다
>
> 지는 날에도

가수 안치환은 이 시를 '인생은 나에게 술 한잔 사주지 않았다'라는 제목의 노래로 만들어 불렀다. 그러나 인생은 정말 우리에게 술 한잔 사주지 않았을까. 아니, 인생이 우리에게 술 한잔 사주어야 할 의무라도 있는 것일까. 로버트 버디트 목사는 "세상은 너에게 책임이 없다"고 일갈한다. "세상은 이곳에 너보다 먼저 와 있었다"는 것이다.

이 명언은 인터넷상에서 마크 트웨인(1835~1910, 미국 작가)이 한 말로도 널리 유포돼 있다. 그러나 목사이자 유머의 대가였던 로버트 버디트가 1883년 신문 기고문에 처음 썼다는 설이 옳은 듯하다. 마크 트웨인의 발언인 양 인식된 것은 1963년 잡지 〈리더스 다이제스트〉

의 기사 덕분이라고 한다. 하지만 원작자가 누구인들 어떠랴. 우리는 말에 담긴 냉철한 통찰만 받아들이면 된다.

그리고, 시 '술 한잔'에는 뒷이야기가 있다. 창작자인 정호승 시인은 한 신문 칼럼에서 인생에 대한 분노에 휩싸여 '술 한잔'을 쓰게 된 경위를 말한 뒤 "지금은 분노와 원망에 의해 그런 시를 썼다는 사실이 몹시 부끄럽고 후회스럽다. (중략) 요즘은 '인생은 나에게 술 한잔 사주었다'라고 고쳐 읽는다"라고 고백했다(〈동아일보〉 2012년 7월 12일자 '정호승의 새벽편지').

천지는 어질지 않다.

만물을 짚으로 만든 개처럼 여긴다.

성인도 어질지 않다.

백성을 짚으로 만든 개처럼 여긴다.

― 노자(춘추전국 시대 철학자)

天地不仁

以萬物爲芻狗

聖人不仁

以百姓爲芻狗

노자(老子)의 《도덕경(道德經)》 제5장에 나오는 말이다. 하늘과 땅, 즉 세상은 어떤 의도를 갖고 움직이는 것이 아니다. 선하지도 않고 그렇다고 악하지도 않다. 그냥 있는 그대로, 생긴 그대로 돌아갈 뿐이다. 봄이 지나면 여름이 오고 가을이 지나면 겨울이 된다. 인간은 그렇게 무심하게 움직이는 천지에 대고 일희일비하거나 앙앙불락한다. 긴 가뭄 끝에 비가 오면 하늘이 고맙다 하고, 홍수가 나 큰 피해가 나면 하늘이 가혹하다고 한다. 다 착각이요 쓸모없는 짓이다. 천지의 선의에 기댈 시간이면 차라리 인간으로서 할 바를 더 열심히 하는 것이 백번 낫다.

오늘날로 치면 지도자라 할 '성인'도 마찬가지다. 백성 중 특정인이나 집단을 편애하거나 미워하면 나라 전체가 잘 돌아가지 않는다. 천지처럼 무심하고 냉정하게 자기에게 주어진 일을 하는 것이 성인의 역할이다.

'추구(芻狗)'는 고대 중국에서 제사 지낼 때 쓰던 짚으로 만든 개다. 제사가 끝나면 내다버리던 물건이므로 '쓸모가 없게 된 것'을 두루 일컫는 말로도 쓰인다.

나는 녹슬어 없어지기보다
닳아 없어지길 원한다.

－조지 휘트필드(1714~1770, 영국 신학자)

I would rather wear out than rust out.

몇 년 전 동남아시아의 가난한 나라 미얀마의 시골을 방문한 적이 있다. 오지 마을에서 자원봉사를 하고 있는 코이카(KOICA, 한국국제협력단) 소속 청년들을 만났다. 그중 부산이 고향인 젊은 여성이 숙소 벽에 크게 써 붙인 이 문구를 보고 감동받은 기억이 생생하다.

단 한 번뿐인 삶이다. 닳아 없어지지 못하고 나태와 미망(迷妄), 물욕에 갇혀 녹슨 채 사라지는 사람이 얼마나 많은가. 녹슬지도 않고 아예 부패해 주변에 악취만 풍기다 가는 사람 또한 얼마나 많은가.

같은 짓을 되풀이하면서
다른 결과를 기대하는 것은 정신착란이다.

－리타 메이 브라운(1944~, 미국 작가·여성운동가)

Insanity is doing the same thing over and over,
and expecting a different result.

성경에 "개가 그 토한 것을 도로 먹는 것같이 미련한 자는 그 미련한 것을 거듭 행하느니라"(잠언)라는 구절이 있다. 필자 개인적으로는 잘못과 실수, 자책으로 점철된 젊은 시절에 자계(自戒)를 위해 마음에 새기곤 했다.

이 말은 미국 작가이자 페미니스트인 리타 메이 브라운이 자신의 소설 《갑작스런 죽음(Sudden Death)》(1983년)에서 등장인물의 입을 빌려 했다. 같은 행동으로 다른 결과를 기대하는 것은 정신 나간 증거라고. 성경 구절과도 맥이 닿는 느낌이다. 그만큼 사람의 행동이나 습관은 바뀌기가 어렵다는 경고이자 충고다.

인터넷 공간에서는 마치 상대성 이론으로 유명한 과학자 아인슈타인(1879~1955)이 한 말처럼 떠돌아다니기도 한다. 한국어 인터넷에도 "어제와 똑같이 살면서 다른 미래를 기대하는 것은 정신병 초기 증세다"라며 아인슈타인의 명언으로 소개되고 있지만, 뒷받침할 만한 증거는 아무것도 없다. 사실이 아니라고 보아야 할 듯하다.

진실을 말하는 게 언제나 최선의 방책이다.
물론 당신이 특별하게
거짓말을 잘 하지 못한다면 말이다.

−제롬 K. 제롬(1859~1927, 영국 작가)

It is always the best policy to speak the truth-unless, of course,
you are an exceptionally good liar.

우리는 "정직이 최선의 방책이다(Honesty is the best policy)"라는 영어 속담에 익숙하다. 걸작 코믹소설《보트 위의 세 남자》로 유명한 영국 작가 제롬은 이 속담을 유머러스하게 비튼다. 정직이 최선의 방책이긴 하지만 그건 어디까지나 당신이 거짓말을 잘 못하는 사람일 경우의 얘기라고. 능숙하게 거짓말을 구사할 줄 안다면 거짓말이 최선일 수도 있다고. 교과서에서 벗어난 실제 세상이 돌아가는 모습을 날카롭게 들춰냈다.

후회하기 싫으면 그렇게 살지 말고,
그렇게 살 거면 후회하지 마라.

페르시아 속담은 말한다. "화살은 빨리 날아온다. 그러나 복수는 더욱 빠르며, 가장 빨리 날아드는 것은 후회다"라고. 자신이 잘못을 하거나 남에게 해를 끼쳤을 때 즉각 마음에 스며드는 후회는 전쟁터의 화살, 적의 복수보다 빠르다는 가르침이다.

인간은 후회할 줄 아는 동물이다. 다른 동물은 후회하지 못한다. 후회할 수 있는 인간만의 능력은 그러므로 뼈아픈 특권에 속한다.

"후회하기 싫으면 그렇게 살지 말고, 그렇게 살 거면 후회하지 마라"는 후회에 대한 가장 간결하고 단호한 처방이다. 행동을 바꿀 의지나 능력이 없으면 차라리 후회라도 하지 마라. 바꾸지도 못할 거면서 후회를 마치 액세서리처럼, 자위(自慰)용으로 입에 달고 다니지 말고 그냥 살던 대로 살라는 이야기다. 포기하면 마음이라도 편하다. 그러나 사람이 어디 그런가. 후회할 짓을 안 하기도 힘들지만, 후회할 짓을 한 뒤 후회를 안 하기도 힘든 법이다.

인터넷에는 "후회하기 싫으면 그렇게 살지 말고, 그렇게 살 거면 후회하지 마라"는 말이 이문열 작가의 3부작 성장소설 《젊은 날의 초상》에 나온다며 많은 사람들이 인용해놓았다. 그러나 이는 사실과 다르다. 확인을 위해 《젊은 날의 초상》을 여러 차례 읽어보았지만 그런 문구는 없었다. 혹시 영화화된 '젊은 날의 초상'에 대사로 들어 있는지도 확인했으나 역시 없었다. 누군가의 잘못된 원전 인용이 인터넷을 통해 널리 퍼진 듯하다.

당사자인 이문열 작가에게도 직접 물어보았다. "혹시 나의 다른 잡문에 그런 구절이 포함돼 있을 수는 있지만 적어도 《젊은 날의 초상》

은 아니다"라는 대답이었다. 그래서 이 매서운 경구의 원작자가 누구인지 더욱 궁금하다.

사족 하나. 이문열 원작의 영화 '젊은 날의 초상'을 연출한 곽지균 감독 이야기다. '젊은 날의 초상'이나 곽 감독의 다른 성장영화 '청춘'(2000년)에는 자살로 생을 마감하는 등장인물이 나온다. 비극으로 끝난 성장통이다. 그런데 곽 감독 본인도 자살로 생을 마감해 많은 영화 팬들을 안타깝게 만들었다. 말년에 일거리가 없어 마음고생이 심했다고 한다.

공짜 점심은 없다.

There is no such thing as a free lunch.

옛날에 한 왕이 신하들에게 '경제학을 짧고 단순하게 요약해보라'고 명령한다. 신하들이 열심히 연구·조사해서 각 권당 600페이지가 넘는 보고서를 87권이나 만들어 왕에게 바쳤다. 왕이 불같이 화를 내며 보고서 작성자들을 처형한 뒤 다시 만들어 오라고 했다. 결국 줄이고 줄인 끝에 단 여덟 글자로 줄인 보고문을 만들어 올렸다. 그것이 바로 "공짜 점심은 없다(There ain't no such thing as free lunch)"였다는 것이다.

늦든 빠르든 모든 혜택과 이익에는 대가가 따른다. 그게 세상의 이치다. 한국에서도 널리 인용되는 명언이다. 영어로는 그냥 간단하게 "There is no free lunch"라고 말하기도 한다.

누가 처음 이 말을 했을까. 기록상으로는 1917년 미국 신문이라는 설이 유력하다. 1930년대 들어 격언과 관련한 위의 우화도 등장했다.

경제학자 할리 러츠(1882~1975), 저널리스트 월터 모로(1895~1949), 공상과학소설 작가 로버트 하인라인(1907~1988), 생물학자이자 생태학자 배리 코모너(1917~2012) 등이 경제학 원리를, 혹은 생태계의 균형을 강조하기 위해 이 말을 인용했다. 아마 한국에도 이 명언이 적용될 분야가 무수히 많을 것이다.

너에게 당연한 것을
다른 누군가는 간절히 갖기를 기도한다.

−무명씨

The things you take for granted, someone else is praying for.

"내가 헛되이 보낸 오늘은 어제 죽은 이들이 그토록 바라던 내일"이라는 말이 있다. 평범한 것들이 어느 순간 특별하게 다가올 때가 있다. 내게는 당연한 그것을 애타게 원하는 이들이 있다는 사실을 깨달을 때다. 아기 갖기를 간절히 원하는 부부, 두 다리로 걷는 행인들을 물끄러미 쳐다보는 휠체어 탄 사람, 목욕탕에서 머리를 손으로 박박 긁으며 샴푸질을 하는 젊은이를 부럽게 쳐다보는 대머리 아저씨….

누구나 다쳐서 병원에 입원하거나 군에 입대하면 그동안의 평범한 일상이 얼마나 소중했던지 실감한다. 그래서 성경도 "범사에 감사하라"고 깨우쳐주는 것이리라.

그러나 대개는 당연하지 않은 것들을 여전히 당연하게 생각한다. 병원에서 퇴원하고 군에서 제대하면 다시 일상에 파묻히고 만다. 그러므로 늘 잊지 않도록 애쓸 것. 당신도 언젠가는 다른 사람에게 당연한 것을 갖고자 간절히 기도하는 처지가 될 수 있다는 것을.

나는 낙관주의자다.
그러나 비옷을 갖고 다니는 낙관주의자다.

−해럴드 윌슨(1916~1995, 전 영국 총리)

I'm an optimist, but I'm an optimist who carries a raincoat.

1964~1970년과 1974~1976년에 걸쳐 두 차례 영국 총리를 지낸 해럴드 윌슨의 명언이다. 비가 오면 언제라도 꺼내 입을 수 있도록 레인코트를 준비해 갖고 다니는 낙관주의자. 그런 정치인이라면 무슨 정책이든 믿고 맡길 만하겠다. 그러나 현실은 그렇지 않은 게 문제다. 아무것도 준비하지 않고 다니다가 갑자기 비가 오면 남의 우산과 비옷을 빼앗을 궁리나 하는 정치인이 훨씬 더 많지 않을까.

2

인생은 고릴라와 레슬링하기

작은 선은 큰 악을 닮았고,
큰 선은 비정함을 닮았다.

－하야시 줏사이(1768~1841, 일본 에도시대 유학자)

小善は大惡に似たり，大善は非情に似たり．

이 한마디에 '경영의 신'으로 불리는 이나모리 가즈오(稻盛和夫, 1932~, 교세라 명예회장)의 인생관이 집약돼 있다고 해도 과언이 아니다. 2조 엔이 넘는 부채에 허덕이다 2010년 상장 폐지된 JAL(일본항공)의 회장직을 맡게 된 이나모리 가즈오는 불과 2년 8개월 만에 도쿄증권거래소에 다시 상장시켰다. 극적인 부활에 성공한 것이다. 직원 30퍼센트(1만 7000명) 감축, 적자노선 철수, 항공기·기종 축소, 자회사 매각 등 피눈물 나는 구조조정을 단행한 덕분이었다.

무조건 줄이기만 한 게 아니다. 그가 만든 JAL 그룹 기업이념의 첫 구절은 '전 직원의 물심양면의 행복을 추구'한다는 것이었다. "작은 선은 큰 악을 닮았고, 큰 선은 비정함을 닮았다"는 문구는 기업이념에 이은 'JAL 경영철학'에 들어 있다.

작은 선이 큰 악이고 큰 선은 비정하다니, 무슨 뜻일까. 이나모리는 한 일본 언론 인터뷰에서 질문을 받고 IBM의 2대 CEO였던 토머스 왓슨 주니어의 '야생오리 정신'을 예로 들었다. 한 착한 사람이 매년 집 근처에 날아오는 야생오리를 불쌍히 여겨 먹이를 주었다. 그러나 공짜 먹이에 길든 오리는 스스로 먹이를 구할 능력을 잃어버렸고, 결국 굶어죽었다. 사람이 베푼 '작은 선'이 오리를 죽이는 '큰 악'으로 작용했다는 말이다. 당장의 어려움이나 딱한 처지에 마음이 흔들려 동정심을 발휘하면 당사자에게 오히려 더 큰 해가 된다는 교훈이다.

명언의 원조는 일본 에도시대 후기의 거유(巨儒)로 꼽히는 하야시 줏사이다. 에도 막부 관료 양성기관의 최고 책임자(大學頭, 다이가쿠노카미)를 지낸 하야시는 1811년 일본을 방문한 조선통신사를 쓰시마

섬까지 마중 나가 접대한 적도 있다. 그가 아들에게 남긴 교훈이 기록으로 남아 있다.

"작은 선은 큰 악을 닮았고 큰 선은 비정함을 닮았다. 눈앞의 상대 기분에만 맞추려 하지 말고, 큰 선을 실현하기 위해 철저하게 비정하여라."

인생은 고릴라와 레슬링하는 것과 비슷하다.
당신이 지쳤다고 끝나는 게 아니라
고릴라가 지쳐야 끝난다.

－로버트 스트라우스(1913~1975, 미국 배우)

Life is a little like wrestling a gorilla.
You don't quit when you're tired - you quit when the gorilla is tired.

인내란 무엇인가. 참을 수 있는 것을 참는 것은 인내가 아니다. 참을 수 없는 것을 참아야 진짜 인내다. 다행히 하늘은 사람에게 견딜 수 있을 만큼의 시련만 내려주신다고 한다. 참느냐 못 참느냐는 사람에게 달린 셈이다.

인생을 고릴라와의 레슬링에 비유한 스트라우스의 명언은 인내의 중요성, 불가피성을 유머러스하게 일깨운다. 고릴라의 완력은 인간과 비교가 되지 않을 정도로 강하다. 그런 고릴라를 상대로 레슬링을 하려면 이를 악물고 버티는 수밖에 없다. 내가 졌다고 선언하며 수건을 던져보았자 소용없다. 이 말의 원문은 'Life' 아닌 'It'으로 시작한다. 서두의 'It'을 '인생(Life)' 또는 '성공(Success)'으로 대체한 격언이 널리 회자된다.

친절한 말과 총을 함께 쓰면
친절한 말만 하는 것보다 훨씬 많이 챙길 수 있다.

You can get much further with a kind word and a gun
than you can with a kind word alone.

미국의 전설적인 갱단 두목인 알 카포네(1899~1944)가 한 말로 널리 알려져 있다. 영화 '대부'에서 마피아 두목이 말한 '거절할 수 없는 제안'이 떠오른다. 받아들이지 않을 경우 목숨이 달아나는 제안이다. '대부'에서 영화 제작자는 마피아 두목의 제안을 거절했다가 애지중지하는 값비싼 말의 잘린 머리를 자기 침대에서 발견하고 경악한다.

마피아 세계나 영화에서만 그럴까. 일반 세상에서도 '총'은 여러 가지 형태를 띠고 친절한 말과 동행한다. 약점을 노린 협박일 수도 있고, 뇌물일 수도 있다. 상대가 아닌 내 속에서 피어오른 허황된 욕심이나 조바심이 총이 되어 나를 겨눌 수도 있다. 알 카포네가 실제 이런 말을 한 증거는 없다며 미국 코미디언 어윈 코리(1914~)를 발언의 원작자로 꼽는 이도 많다.

중국어로 '위기'는 두 글자로 돼 있다.
하나는 위험을, 다른 하나는 기회를 의미한다.

−존 F. 케네디(1917~1963, 미국 35대 대통령)

When written in Chinese the word 'crisis' is composed of two characters.
One represents danger and the other represents opportunity.

중국인뿐 아니라 한국인들도 위기(危機)라는 한자 단어를 안다. 하지만 서양인인 케네디는 이 단어를 '위(危)'와 '기(機)'를 나누어 긍정적인 교훈을 찾아냈다. 재미있고 참신하다. 케네디 본인도 젊은 시절 제2차 세계대전에 해군 장교로 참전했을 때 함정이 일본군에 의해 격침되었으나 부하들을 이끌고 살아나와 영웅으로 부각되었다.

많은 서양인들이 한자를 배울 때 '危機'의 구성에 흥미를 느낀다고 한다. 앙겔라 메르켈, 앨 고어 등 유명인들이 연설에서 이 말을 인용하기도 했다.

그러나 언어학적으로는 정확한 뜻풀이가 아니라는 반론이 유력하다. '기(機)'는 기회 외에도 중요한 시점, 중심점, 기계 등 여러 의미가 있으며, '위기'에서는 중요한 시점이라는 뜻으로 보아야 한다는 것이다. 위기는 그냥 위기인 셈이다. 아무러면 어떠한가. 우리는 위험이 닥치면 어떻게 해서든 살아날 길을 찾아야 하며, 실제로 많은 이들이 위기 속에서 기회를 발견한다.

변화를 강요당하기 전에 변화하라.

－잭 웰치(1935~, 미국 경영인)

Change before you have to.

20세기 최고 경영자로 꼽히는 잭 웰치의 명언이다. 어쩔 수 없이 변화하지 않으면 안 되는 지경에 몰리기 전에 너 스스로 먼저 알아서 변화하라. 기업 경영에도 유용하지만, 우리 개개인의 삶에 적용해도 훌륭한 지침이 된다.

잭 웰치는 45세에 제너럴일렉트릭(GE) 회장을 맡아 GE의 시가총액을 20배 가까이 불려놓았다. 끊임없는 변화와 혁신이 그의 특기였다. 구조조정 과정에서 5년간 직원 11만 명을 해고해 언론으로부터 '중성자탄 잭'이라는 비난이 쏟아졌지만 끄떡도 하지 않았다.

변화를 당할 것인가 먼저 변화할 것인가. 수동태인가 능동태인가. 수모(受侮)인가 감행(敢行)인가. 이 복잡한 세상을 어떤 자세로 살아갈 것인지 잭 웰치는 우리에게 묻고 있다.

이웃이 실업자가 되면 불경기이고,
내가 실업자가 되면 불황이다.

−해리 트루먼(1884∼1972, 미국 33대 대통령)

It's a recession when your neighbor loses his job;
it's a depression when you lose yours.

일시적인 불경기와 한국의 1997년 외환위기 같은 대형 재난을 구별하는 법을 트루먼은 익살맞지만 촌철살인으로 표현했다. 아무리 나라 전체가 단군 이래 최대 호황이라도 내가 직장에서 쫓겨나면 불황이고 대공황인 법이다. 정치인, 공직자들이 특히 자신 아닌 '이웃의 실업'에 민감해야 마땅한 이유다.

경제학자는 그가 어제 예언한 것이
오늘 왜 실현되지 않았는지
내일 알아내는 전문가다.

－로런스 피터(1919~1990, 캐나다 출신 교육학자)

An economist is an expert who will know tomorrow
why the things he predicted yesterday didn't happen today.

자욱한 안개가 꼈을 때 앞길을 명쾌하게 가르쳐주면 좋으련만, 대부분의 학자들은 안개가 다 걷힌 후 전후 상황을 조리 있게 설명하는 데 그친다. 학문 중에서도 자연과학은 특성상 그럴 위험이 덜하지만, 경제학 같은 사회과학에서는 예측 실패가 다반사이자 숙명인 듯하다.

이 익살맞고 날카로운 유머를 던진 로런스 피터는 조직 구성원이 자신의 능력으로 감당할 수 없는 자리에까지 승진한다는, 그래서 무능한 사람들이 윗자리를 점령한다는 경영이론 '피터의 법칙'을 1967년 발표해 일약 유명해진 학자다.

10월은 주식 투자를 하기엔
특별히 위험한 달 중 하나다.
다른 위험한 달은 7월, 1월, 9월, 4월, 11월, 5월,
3월, 6월, 12월, 8월, 그리고 2월이다.

－마크 트웨인(1835~1910, 미국 작가)

October:
this is one of the peculiarly dangerous months to speculate in stocks.
The others are July, January, September, April, November, May,
March, June, December, August and February.

유명한 마크 트웨인식 익살이 여기서도 돋보인다. 10월은 주식 투자하기에 위험하다면서 함께 언급한 '다른 위험한 달'을 하나하나 모두 꼽아 보라. 일 년 내내 아닌가. 결국 주식 투자를 하지 말라는 이야기다.

비슷한 맥락에서, 마크 트웨인의 한 세대 후배 격인 미국 만화가이자 언론인인 프랭크 허버드(1868~1930)도 이런 유명한 말을 남겼다.

"당신의 돈을 두 배로 불리는 안전한 방법은 돈을 반으로 접어 당신의 주머니에 넣는 것이다(The safe way to double your money is to fold it over once and put it in your pocket)."

비즈니스란 폭력을 쓰지 않고
다른 사람의 주머니에서 돈을 빼내는 기술이다.

Business is the art of extracting money
from another man's pocket without resorting to violence.

좀 냉정하긴 하지만, 고개를 끄덕이게 만드는 말이다. 사회 공헌이니 고객 만족이니 표방은 많이 하지만, 비즈니스의 처음이자 마지막은 어디까지나 이윤 아닌가. 이윤을 내지 못하는 기업은 자선업체이지 진정한 의미의 기업이 아니다. 문장 속의 '폭력'에는 육체적·물리적 폭력 외에 사기나 협박 같은 수단도 포함된 것으로 이해해야겠다.

웃어라,
온 세상이 너와 함께 웃을 것이다.
울어라,
너 혼자 울 것이다.

-엘라 휠러 월콕스(1850~1919, 미국 시인)

Laugh, and the world laughs with you;
weep, and you weep alone.

1883년, 서른세 살의 미국 여성 엘라 휠러는 위스콘신주에서 기차여행을 하고 있었다. 그녀의 자리에서 멀지 않은 통로 건너편 좌석에서 웬 흐느끼는 소리가 들려왔다. 검은 상복을 입은 젊은 여인이 혼자 울고 있었다. 사정을 짐작한 엘라 휠러는 여인의 옆자리로 옮겨 앉았다. 종착역에 닿을 때까지 이런저런 간곡한 말로 남편을 잃은 젊은 여인을 위로해주었다.

여인과 헤어지고 난 뒤 엘라 휠러의 머릿속에서 번개처럼 시상이 떠올랐다. 그녀의 대표작으로 꼽히는 《고독(Solitude)》이 탄생하는 순간이었다. 《고독》의 첫 구절이 바로 '웃어라, 온 세상이 너와 함께 웃을 것이다. 울어라, 너 혼자 울 것이다'이다.

최상의 인사는 정실 인사다.

오래전에 들은 언론계 대선배의 지론이다. 얼핏 들으면 말도 안 된다고 생각하기 쉽다. 그러나 깊은 지혜가 담긴, 예리한 역설이다. 국어사전은 '정실(情實)'을 '사사로운 정이나 관계에 이끌리는 일'이라고 정의한다. 따라서 정실 인사는 사사로운 정이나 관계에 이끌려 특정인을 우대하거나 깎아내리는 인사를 말한다. 우리 사회는 정실이 개입하는 작태가 자주 벌어진다. 인사도 그런 분야 중 하나다. 그래서 촘촘한 관련 규정을 두고 상하좌우의 감시와 견제로 정실을 막으려 애쓰고 있다.

문제는 규정 준수와 주변의 감시로는 기껏해야 무난한 인사밖에 하지 못한다는 데 있다. 진짜 인재는 모가 나고 뾰족한 경우가 적지 않은 게 세상 이치다. 규정과 견제, 평등주의, 무사고주의는 마이너스(-) 사고로 연결돼 특출한 인재가 아닌 범재(凡材)들이 중용되는 풍토를 초래한다. 이런 중급 인사, 잘해야 상급 인사를 최상급 인사로 바꾸려면 인사권자가 숙고 끝에 정실 인사를 단행하는 '위험'을 무릅쓸 필요가 있다. 이 경우의 정실 인사는 일반적인 의미의 정실 인사가 아니라 고도의 사명감과 정치적 숙고가 깔린 발탁 인사다. 단, 두 가지 전제조건이 있다. 인사권자의 사람 보는 눈이 밝을 것, 그리고 공자가 말한 사무사(思無邪, 생각이 바르고 사악함이 없다는 뜻)의 자세로 인사에 임할 것.

당신의 보스가 멍청하다고 생각한다면, 명심하라.
만약 보스가 조금이라도 똑똑했다면
당신은 일자리를 얻을 수 없었을 것이다.

−앨버트 그랜트(1831~1899, 미국 경영인)

If you think your boss is stupid, remember:
you wouldn't have a job if he was any smarter.

이 말에는 '한 방'이 있다. 모든 상사가 속된 표현으로 고스톱을 쳐서 그 자리까지 오른 것은 아니라는 엄연한 사실이다. 비록 무능하더라도 무언가 다른 장점이 있으니 승진해서 당신의 보스 노릇을 한다고 보는 게 정확하며, 설사 정확하지 않더라도 그렇게 생각하는 게 당신에게는 '안전'하다.

　게다가 상사의 스트레스는 부하보다 훨씬 더하다는 사실을 부하 시절에는 잘 깨닫지 못하게 마련이다. 상사와 부하 사이를 단순히 강자-약자 관계로만 보는 것은 정확하지 않다. 길항(拮抗, 서로 버티고 대항하는 사이) 관계가 더 사실에 가깝다.

　어쨌든 당신의 상사를 얕보거나 무시하지 말 것. 특히 그런 종류의 감정 상태는 금방 상대에게 들키기 쉽다. 미국의 교육학자 다이앤 레비치는 이런 의미 있는 말을 했다. "'어떻게'를 아는 사람은 항상 일자리를 얻을 것이다. 그리고 '왜'를 아는 사람은 항상 그의 보스가 될 것이다(The person who knows HOW will always have job. The person who knows WHY will always be his boss)." 당신은 어떤 종류의 사람인가.

지옥으로 가는 길은 선의로 포장돼 있다.

The road to hell is paved with good intentions.

개인적인 이익이 최종 목표인 사람일수록 자신의 진짜 의도를 숨기고 공익이나 이타적인 명분을 내건다. 우리가 살면서 종종 목격하는 모습이다. 그런 사람이 현란한 말로 자신의 선의(善意)를 강조할 때, '이 사람 말대로 할 경우 그에게는 무슨 이익이 돌아올까'를 냉정하게 따져보면 속지 않을 확률이 높아진다.

그러나 더 커다란 재앙은 진짜로 '선한 의도'를 갖고 열정에 차서 일을 벌이는 경우다. 이들은 자신이 사기를 친다고 생각하지 않는 일종의 확신범이기에 사고를 내도 초대형 사고를 내고 만다. 아돌프 히틀러가 대표적인 경우다.

수백만 명을 학살한 캄보디아의 크메르 루주 정권의 지도자 폴 포트는 한때 독실한 승려였으며, 프랑스 유학 경력의 교사이자 공산주의 이상에 불타는 독립운동가였다. 그가 자국민을 처참하게 학살한 명분은 "썩은 사과는 상자째 버려야 한다"는 것이었다. 히틀러나 폴 포트만큼은 아니더라도, 좋은 뜻에서 만들고 시행한 정책이 많은 피해를 끼치고 실패로 끝나는 사례가 오늘날에도 흔하다.

"지옥으로 가는 길은 선의로 포장돼 있다"는 말은 12세기 수도자이자 가톨릭 성인인 클레르보 드 베르나르(1090~1153)의 "지옥은 선한 소망과 욕구로 가득 차 있다"는 말에서 비롯된 격언이라고 한다. 또는 고대 로마의 시인 베르길리우스의 서사시 《아이네이스》에서 기원을 찾기도 한다. 바이런, 키르케고르, 칼 마르크스 같은 시인·사상가들이 이 의미심장한 경구를 자기 저작물에 인용했으며 노래·영화·컴퓨터게임에도 등장한다.

난쟁이들에 둘러싸여 있다고
거인이 되는 것은 아니다.

−유대 속담

Surrounding yourself with dwarfs does not make you a giant.

뒤집어 생각하면 "거인들에 둘러싸여 있다고 난쟁이가 되는 것은 아니다"라는 말도 성립한다. 과도한 자존자대(自尊自大)도, 지나친 자학이나 자괴도 모두 도움이 되지 않는다. 등신대(等身大), 즉 있는 그대로의 나를 보라는 충고로 이해하고 싶다.

당신의 골프 실력이 100타를 깨면
골프에 신경을 써라.
만일 80타를 깼다면
당신의 사업에 신경을 써라.

－조이 애덤스(1911~1999, 미국 코미디언)

If you break 100, watch your golf.
If you break 80, watch your business.

운동 자체도 재미있거니와, 될 듯 될 듯하면서도 좀체로 원하는 대로 되지 않는 게 골프의 매력이라고 한다. 실력이 늘기도 그만큼 어렵다. 그래서 호승심(好勝心)이 강한 사람일수록 골프에 빠지기 쉽다. 사업과 취미의 우선순위가 뒤바뀌지 않도록 스스로 경계(自戒)하라는 골프 명언이다.

좋은 판단은 경험에서 나온다.
문제는, 많은 경험들이 나쁜 판단 덕분에
얻어진다는 점이다.

−미국 카우보이 격언

Good judgment comes from experience.
The problem is, a lot of experience comes from bad judgment.

경험이 많을수록 좋은 판단을 내릴 확률이 높아지는데, 그 경험은 나쁜 판단들 덕분에 형성되는 것이란다. 재미있는 역설이다. 인생의 통찰이 담겨 있다. 나쁜 판단, 즉 실패를 많이 하면 경험이 쌓이고 그 경험 덕분에 차츰 좋은 판단, 즉 성공을 하게 된다. '실패는 성공의 어머니'라는 고전적인 격언이 바로 이 말 아닌가.

같은 맥락에서 "성공이란 한번 실패하고도 열정을 잃지 않고 다시 실패하는 능력이다(Success is the ability to go from one failure to another with no loss of enthusiasm)"라는 격언이 있다. 윈스턴 처칠의 말로 널리 알려졌지만 실제로 그가 한 말은 아니라고 한다.

하루 8시간씩 성실하게 일함으로써,
당신은 마침내 보스가 되어
하루 12시간씩 일하게 될 것이다.

-로버트 프로스트(1874~1963, 미국 시인)

By working faithfully eight hours a day,
you may eventually get to be a boss and work twelve hours a day.

한국 교과서에도 실린 시 '가지 않은 길'로 유명한 로버트 프로스트가 일과 승진에 대해 시니컬하게 비꼬았다. 주로 자연의 아름다움을 노래한 미국 국민시인답다. 8시간씩 열심히 일하면 12시간씩 열심히 일하는 자리를 차지할 수 있다니. 그럼 일한다는 행위의 가치나 보람은 어디에서 찾아야 하는가.

프로스트는 '왜(why)'가 빠진 삶에 대해 경고하고 있다. '왜'는 빠지고 '어떻게(how)'만 대접받는 세상. 삶의 근본적인 문제를 제쳐놓은 채 발휘하는 성실함은 껍데기뿐인 성실함이다. 공허함, 절망감은 껍데기뿐인 성실함과 함께 자라는 쌍둥이나 마찬가지 아닐까.

3

달걀을 깨지 않고는 오믈렛을 만들 수 없다

지금부터 20년 후에 너는 네가 한 일보다
하지 않은 일 때문에 더 실망하게 될 것이다.
그러므로 돛을 올려라.
안전한 항구를 벗어나 멀리 항해하라.
돛에 한가득 무역풍을 실어라.
탐험하라. 꿈꾸어라. 발견하라.

−마크 트웨인

Twenty years from now you will be more disappointed by the things
that you didn't do than by the ones you did do.
So throw off the bowlines.
Sail away from safe harbor. Catch the trade winds in your sails.
Explore. Dream. Discover.

배의 돛은 활짝 펴야 한다. 항구에만 머무르는 배는 쓸모없는 고철 덩어리에 불과하다. 일을 벌이다 실패하는 것이 안 해보고 후회하는 것보다 백배 낫다. 특히 젊은이들에게 권하고 싶은 명언이다. 국내외를 막론하고 자식 곁을 빙빙 맴도는 헬리콥터 맘(helicopter mom), 자녀에게 안전 위주의 평탄한 코스를 미리 깔아주려는 잔디깎이 부모(lawn mower parents)가 늘어나고 있다는 탄식이 들린다. 부모뿐이 아니다. 적지 않은 젊은이들이 '뭘 해도 어차피 빤한 인생'이라는 지레짐작과 자포자기에 사로잡힌 듯하다. 고도성장기가 이미 끝나 아무리 발버둥쳐도 계층의 사다리를 오르기 힘든 21세기 대한민국이다. 호연지기, 야망 같은 덕목은 교가 가사에나 남아 있는 유물이 돼버렸다.

그러나 내 인생의 주인은 어디까지나 나다. 시대에 따라 어려움의 종류나 속성이 다를 뿐, 어느 시대도 살기 편한 적은 단 한 번도 없었다. 혹시 기성세대가 젊은이들을 위로하고 다독거리며 마치 대신 짐을 져주기라도 할 것처럼 호들갑 떤다면 그건 위선을 넘어 사기에 해당한다.

달걀을 깨지 않고는 오믈렛을 만들 수 없다.

－영어 속담

On ne fait pas d'omelette sans casser des œufs.

중대하고 숭고한 목적을 달성하려면 희생이 불가피하게 따른다는 격언이다. 소박한 우리나라 속담에 견주자면 '구더기 무서워 장 못 담그랴'가 되겠다.

프랑스 혁명 당시 왕당파 장군으로 많은 혁명군 시민을 학살한 프랑수아 드 샤레트(1763~1796)가 처음 한 말로 알려져 있다. 그가 체포돼 재판에 회부됐을 때 재판관이 학살 책임을 추궁하자 이렇게 대답했다는 것이다. 결국 이 말은 양날의 칼이다. 온갖 어려움을 무릅쓰고 일을 추진할 때 힘을 주는 말이지만, 목적을 위해선 어떤 희생도 괜찮다는(대개 자기 자신은 쏙 빠지고 다른 사람을 희생시킨다) 정치인이 쓸 경우에는 재앙의 원천이 된다. 이 말의 원조로 '공포정치'로 유명한 로베스피에르나 스탈린이 자주 거론되는 이유도 그 때문이다.

위만 보면 아래가 안 보이고,
아래만 보면 앞이 안 보인다.

당연한 말이지만 어느 조직이든 아랫사람은 '위'에 신경을 쓰게 마련이다. 조직 내에서는 지위가 올라갈수록 입장이 달라진다. 생각도 바뀐다.

하급 직원일 때 자조적으로 "월급 받는 만큼만 일하자"던 사람도 관리자가 되면 "저 직원은 왜 월급 값도 못하는 거지?"라고 생각한다. 직원 입장에서 전혀 눈치 채지 못할 거라며 하는 행동이 상사 눈에는 신기하게 잘 보인다. 경우에 따라서는 직원을 부리는 게 아니라 '모시는' 듯한 기분이 들기도 한다. 마음고생이 훨씬 많다. 월급을 괜히 많이 받는 게 아니다.

대개 윗사람 위에는 또 윗사람이 있다. 중간 또는 그 이상의 고급 관리자가 되면 자신의 '위'와 '아래'에 어떤 자세를 취해야 할까. 한 일본인 저널리스트가 말한 격언을 나는 아직 잊지 않는다. 이 말이 그의 오리지널 창작품인지는 확인되지 않았다.

1997년 1월, 필자가 신문사 도쿄 특파원으로 일하던 때의 일이었다. 모시던 상사가 서울 본사의 중책을 맡아 귀국하게 되었다. 영전을 축하하는 저녁 자리에서 아라이 아키라(新井明, 1925~2004) 일본경제신문사 상담역(당시)이 필자의 상사에게 해준 충고가 바로 "위만 보면 아래가 안 보이고, 아래만 보면 앞이 안 보인다"였다. 아라이 씨는 1949년 일본경제신문사에 입사해 편집국장과 사장을 거쳐 회장까지 지냈다.

조직에서는 대개 아래보다 위를 바라보게 마련인데, 고(故) 아라이 씨는 위만 보면 아래가 안 보인다고 한다. 그렇다고 해서 아래만 보면

앞, 즉 조직 전체의 미래가 암담해진다고 말한다. 곱씹을수록 의미심장한 말이다.

당신은 당신이 할 수 없다고 생각하는
그 일을 해야만 한다.

−엘리너 루스벨트(1884~1962, 미국 인권운동가)

You must do the things you think you cannot do.

엘리너 루스벨트 여사의 또 다른 명언이다. 최선을 다했으니 이만하면 됐다, 저 일은 내 능력 밖이다 등의 자기만족, 자기방어 심리에 일침을 가한다. 일의 성사 가능성보다 가치와 당위, 지향점에 방점을 찍었다.

백척간두진일보(百尺竿頭進一步), 즉 높은 장대 꼭대기에 간신히 올랐지만 다시 빈 허공으로 한 걸음 더 내딛는 용기를 뜻하는 말이다. 작은 성공에 자족하지 말고 능력에 벅차더라도 진짜 해야 할 일이 기다리는 미지의 영역으로 성큼 발을 옮기라고 엘리너는 권한다.

안전거리를 확보해 놓고 용감해지기는 쉽다.

−이솝(고대 그리스인)

It is easy to be brave from a safe distance.

너무나 당연한 이 말이 격언 반열에 오른 것은 그만큼 실천하기가 쉽지 않기 때문일 것이다. 하지만 모두가 안전거리를 무시하고 용감하게 나서면 안타까운 희생자도 속출할 것이다. 만용이다. 만용과 비겁 사이의 어느 지점, 진정한 용기는 거기에 거처하는 것 아닐까.

세상은 위험하다.
악을 저지르는 사람들 때문이 아니라,
그걸 보고 아무 행동도 하지 않는 사람들 때문에.

−앨버트 아인슈타인(1879~1955, 독일 태생 미국 물리학자)

The world is a dangerous place, not because of those who do evil
but because of those who look on and do nothing.

악(惡)은 본원적이다. 태초 이래 늘 있어왔다. 선(善)도 본원적이기에 악을 저지하고 때로 악한이 선량한 사람으로 바뀔 수도 있었다. 하지만 행동하지 않는 선은 진정한 선이 아니다. 선이 움직이지 않는 틈을 타 악은 선을 잠식하고 마침내 세상을 점령한다.

악이 개인적 차원을 넘어 조직화·집단화되었을 때 비극이 발생한다. 서구사회에서 대표적인 비극으로 꼽는 것이 나치의 출현이다. 독일의 루터교 목사이자 반나치 운동가인 마르틴 니묄러(Martin Niemöller, 1892~1984)의 시 '나치가 그들을 덮쳤을 때'는 정치적 무관심의 위험성을 웅변하는 문장으로 꼽힌다. 니묄러는 당초 보수적 민족주의자이자 히틀러 지지자였으나 나치의 폭력성을 절감하고 반나치 운동에 가담해 강제수용소에 감금되기도 했다. 세상이 위험한 것은 악한 때문이 아니라 그를 보고도 가만히 있는 이들 때문이라는 이 말은 원래 아인슈타인의 것이 아니라는 설도 있다.

나치가 그들을 덮쳤을 때

나치가 공산주의자들을 덮쳤을 때
나는 침묵했다
나는 공산주의자가 아니었으므로

다음에 그들이 사회민주당원들을 가두었을 때
나는 침묵했다

나는 사회민주당원이 아니었으므로

다음에 그들이 노동조합원들을 덮쳤을 때
나는 아무 말도 하지 않았다
나는 노동조합원이 아니었으므로

다음에 그들이 유대인들을 덮쳤을 때
나는 침묵했다
나는 유대인이 아니었으므로

그들이 나를 잡으러 왔을 때
나를 위해 말해 줄 사람은
아무도 남아 있지 않았다

정치는 두 번째로 오래된 직업으로 여겨진다.
그리고 나는 정치가 첫 번째로 오래된 직업과
매우 비슷하다는 점을 깨달았다.

－로널드 레이건(1911~2004, 미국 40대 대통령)

Politics is supposed to be the second-oldest profession. I have come to
realize that it bears a very close resemblance to the first.

배우 출신 대통령다운 독설이다. '첫 번째로 오래된 직업'은 말할 것도 없이 매춘이다. 레이건은 정치의 속성과 정치가의 역할을 매춘 활동에 비유하고 있다. 사실 정치를 매춘에 빗대는 유머는 이전에도 종종 있었다. 미국 33대 대통령 해리 트루먼(1884~1972)도 말했다.

"젊은 시절 내가 선택할 수 있었던 일은 매음굴의 피아노 연주자 아니면 정치가였다. 사실대로 말하자면, 그 두 직업은 거의 차이가 없다."

정치인들이란 어디서나 다 똑같다.
그들은 강이 없는 곳에도
다리를 놓아 주겠다고 약속한다.

−니키타 흐루쇼프(1894~1971, 구 소련 정치인)

Politicians are the same all over.
They promise to build a bridge even where there is no river.

옛 소련연방 지도자의 정치 명언. 자본주의 체제든 공산주의 체제든 정치인은 똑같은 속성을 지녔다는 통찰이자 고백이다. 흐루쇼프는 "늑대 무리 안에 살고 있다면 늑대처럼 행동해야 한다"는 말도 남겼다. 자신의 말대로 스탈린 체제 하에서는 '늑대'처럼 행동하다 스탈린 사후 권력을 장악한 뒤 스탈린 격하 운동을 벌였고, 서방과의 평화공존을 모색했다.

드골(1890~1970) 전 프랑스 대통령도 비슷한 유머로 정치인의 속성을 꼬집었다. "정치인은 자신이 하는 말을 절대 믿지 않기 때문에 남들이 자기 말을 믿으면 깜짝 놀란다(Since a politician never believes what he says, he is surprised when others believe him)."

물 좋고 정자 좋은 곳 없다.

넘어진 김에 쉬어가라.

똥개가 짖어도 기차는 간다.

이 세 문장은 필자가 직장생활을 하면서 40대 초반쯤 조합한 '세트 경구'다. 직장에서는 부서 이동, 승진(또는 승진 누락), 연수 파견 등 공식적인 일 외에 나를 겨냥한 칭찬이나 험담 등 온갖 크고 작은 일을 만나게 된다. 세 문장은 좋은 일을 만나든 나쁜 일을 만나든 마음의 평정을 유지하자는 데 초점이 맞춰져 있다.

좋은 자리로 발령받았다고 너무 좋아할 필요는 없다. 연못의 물이 맑고 깨끗하면 연못가에 세워진 정자가 낡고 더러울 것이다.

좌천당했다고 너무 서러워할 필요도 없다. 바로 일어나려고 버둥거리며 무리하지 말고, 넘어진 김에 쉬어간다는 생각으로 그대로 엎어져 있는 것도 좋은 방법이다. 기회는 반드시 다시 오니까.

원하던 직위나 일을 맡았을 때는 나중에 후회 없도록 온 힘과 정성을 쏟아 일에 몰두하라. 그런 당신을 시샘하고 깎아내리는 사람이 반드시 있을 것이다. 전혀 위축될 필요 없다. 두서없이 짖어대는 똥개들 곁을 바람처럼 휙 지나치는 초고속 열차라고 자부하면 충분하다.

나는 소크라테스는 아니지만,
기쁘게 굶어죽을 생각이다.

−야마구치 요시타다(1913~1947, 일본 판사)

自分はソクラテスならねど食糧統制法の下，喜んで餓死するつもりだ．

1945년 패전한 일본은 극도의 식량난에 시달렸다. 한반도와 만주·대만에서 수탈하던 식량 공급이 끊어진 데다 해외에 이주했던 자국민이 대거 귀국해 인구마저 늘어난 탓이었다. 맥아더 점령군 사령부는 고육책으로 '식량관리법'을 만들어 식량 배급제를 실시했다. 성인의 하루 배급량을 300그램으로 제한했는데, 300그램은 1990년대 북한의 '고난의 행군' 시절 배급량과 같은 극히 적은 양이다.

야마구치 요시타다(山口良忠) 판사는 명문 교토대학을 졸업하고 고등문관시험 사법과에 합격한 정통 엘리트 법관이었다. 1946년 도쿄지방법원 경제사범 전담판사로 부임한 그는 곧 딜레마에 봉착했다. 주 업무가 식량관리법 위반 사범 재판이었는데, 당시는 배급만으로 연명하기가 워낙 어려워 쌀 암거래가 일반화돼 있었다. 판사와 관료들마저 불법 유통되는 쌀에 의지하는 형편이었다. 암거래 쌀을 먹으면 자신도 법을 어기면서 똑같은 법을 어긴 다른 사람들만 처벌하는 결과가 된다. 야마구치는 부인에게 선언했다. "앞으로 나는 배급 쌀만 먹겠다. 쓰러질지도 모르고 죽을지도 모른다. 그래도 양심을 속이며 사는 것보다는 낫다."

그는 그나마 배급 쌀마저 대부분 세 살, 여섯 살 두 자녀 몫으로 돌리고 부인과 함께 멀건 죽으로 끼니를 때우기 시작했다. 가족이나 친척이 사정을 알고 쌀을 보내거나 식사 자리에 초대하려 했지만 모두 거절했다. 1947년 8월 27일 야마구치는 도쿄지방법원을 나오다 청사 계단에서 쓰러졌다. 영양실조였다. 고향 사가현으로 옮겨져 요양에 들어갔으나 10월 11일 결국 사망했다.

"나는 소크라테스는 아니지만 식량통제법 하에서 기쁘게 굶어죽겠다"는 말은 사후 발견된 그의 일기에 나온다. 불합리한 식량관리법이지만 지켜야 하는 판사의 입장에서 '악법도 법'이라며 독을 마신 소크라테스를 연상한 것이다.

일본 사회에 충격을 준 희생은 야마구치만이 아니었다. 이보다 앞선 1945년 10월 11일, 도쿄고등학교의 독일어 교사 가메오 에이시로(龜尾英四郎)가 "학생들에게 법을 지키라 하면서 내가 법을 어길 수 없다"며 암거래 쌀을 멀리 하다 50세 나이에 굶어죽었다. 가메오는 역시 도쿄대 독문과를 졸업한 엘리트 교사였다. 또 야마구치 판사가 사망한 직후인 1947년 10월 23일 아오모리 지방법원의 48세 판사 호시나 도쿠타로(保科德太郎) 역시 영양실조로 숨졌다. 이들처럼 철저한 공인정신과 희생정신이 사회 일각에 살아 있었기에 일본은 패전 후 부흥을 이룰 수 있었다.

나는 퍽이 있던 곳이 아니라 갈 곳으로 달린다.

−웨인 그레츠키(1961~, 캐나다 아이스하키 선수·지도자)

I skate to where the puck is going to be, not where it has been.

웨인 그레츠키는 캐나다의 전설적인 아이스하키 영웅이다. 퍽(puck)은 아이스하키 경기에 쓰이는 납작한 원반형 공으로 단단한 고무 재질이다. 흔히 축구 경기를 할 때 "공만 보지 말고 사람을 보라"고 하는데, 그레츠키의 이 말도 같은 맥락이다. 아이스하키를 넘어 많은 기업 경영자들이 그레츠키의 말에서 영감을 얻는다고 한다. 생전의 스티브 잡스도 즐겨 인용했다.

남자는 집을 나서면
일곱 명의 적이 기다리고 있다.

−일본 속담

男は敷居お跨げば七人の敵あり.

일본의 오래된 속담이다. 사무라이 시대의 분위기가 물씬 풍긴다. 집 문턱을 넘어가는 순간 나를 해코지하려는 많은 적들과 마주쳐야 한다. 과거에는 칼뿐이었지만 요즘은 해치는 무기나 방법이 훨씬 다양해졌다. 과거에는 남자에게 해당되던 이 속담이 요즘은 사회활동이 활발해진 여성들도 더 이상 흘려들을 말만은 아니게 됐다.

뒤집어 생각해보면 나 자신도 오늘 아침 집을 나선 누군가를 기다리는 일곱 명의 '적' 중 한 명이라는 뜻으로도 해석할 수 있다. 당신은 어떤가. 함께 출근한 직장 동료의 적인가 친구인가.

대부분의 사람이 역경은 참아낸다.
만일 당신이 누군가의 인격을 시험해 보고 싶다면
그에게 권력을 주어 보라.

−에이브러햄 링컨(1809~1865, 미국 16대 대통령)

Nearly all men can stand adversity,
but if you want to test a man's character, give him power.

어려움을 견디는 것만으로 인격이 증명되는 것은 아니다. 형편이 피었을 때 사람의 진정한 본모습이 드러난다. 동업자끼리 벌이는 사업을 보더라도, 창업 초기 어려울 때는 똘똘 뭉쳐 역경을 헤쳐 나가다 회사가 번창하면 온갖 갈등과 분쟁에 휘말리는 경우가 흔하다. 잘 참았다는 것만으로 사람을 완전히 신뢰할 수는 없다. 완전히 신뢰하기 전에 '완장'을 채워주고 관찰할 것. 남들이 술꾼이라고 비판하던 그랜트 장군을 과감하게 북군 총사령관에 임명해 남북전쟁을 승리로 이끈 링컨의 명언이다.

만약 지옥을 통과하는 중이라면
멈추지 말고 계속 가라.

If you're going through hell, keep going.

당신이 지금 끔찍한 고통과 공포, 비명으로 가득한 지옥을 걷고 있다면 어떻게 해야 할까. 당장 벗어날 수도, 그대로 주저앉을 수도 없다. 유일한 방법은 묵묵히 걷는 것이다. 시간이 얼마나 걸리든 계속 걷는다. 자포자기해도 패닉에 빠져 날뛰어도 안 된다.

살다 보면 드물게 이런 상황을 만난다. 적지 않은 이들이 스트레스를 견디지 못하고 술·도박이나 다른 도피처를 찾는다. 그러나 도피는 해결책이 아니다. 끝까지 참고 견디면 언젠가는 출구가 보이기 마련이다.

우직함과 비장감을 풍기면서 묘하게 용기를 북돋우는 매력이 있는 이 말은 윈스턴 처칠이 한 것으로 알려져 있으나, 실제로 처칠이 한 말은 아니다. 1990년쯤 비슷한 표현이 영어권에 처음 등장했고, 몇 년 후부터 처칠의 이름을 달고 널리 인용되기 시작했다.

당신이 모루일 때는 인내하라.

망치일 때는, 내려쳐라.

－아랍 속담

When you are an anvil, be patient; when a hammer, strike.

모루는 받침용 쇳덩이이므로 늘 두들겨 맞는 신세다. 히틀러 같은 사이코패스 독재자는 "역사에서 망치가 되려 하지 않는 자는 누구든 모루 신세가 될 것"이라는 말도 남겼다.

그러나 사람의 처지는 돌고 도는 법이다. 살다 보면 모루일 때도 있고 망치가 될 때도 있다. 내가 어떤 사람에게는 모루가 되고, 다른 이에겐 망치가 되기도 한다. 변하지 않는 것은 그때그때 모루와 망치의 속성·역할에 충실하라는 것이다. 참을 때는 꾹 참고, 때릴 때는 힘차게 때려야 한다는 것이다.

세상은 두 종류의 인간에 속해 있다.
살해당한 남자와 그를 살해한 남자.

−레바논 격언

혹독한 자연환경 탓인지 아랍권의 격언은 으스스한 게 꽤 많다. 이 격언도 그렇다. 세상을 철저하게 승자와 패자로 나눈다. 그것도 살인자와 피살자로. 하지만 외면할 수만은 없는, 세상에 대한 일말의 진실을 담고 있는 것만큼은 분명하다.

용기란,
무서워 죽을 것 같은데도 일단 말안장에 오르는 것.

－존 웨인(1907~1979, 미국 영화배우)

Courage is being scared to death… and saddling up anyway.

필자는 검도를 한다. 맨발로 마룻바닥을 박차고 다니며 마음껏 소리지르는 게 좋아서다. 검도에서는 사계(四戒), 즉 네 가지 마음 상태를 경계하라고 가르친다. 놀람(驚, 경), 두려움(懼, 구), 의심(疑, 의), 미혹됨(惑, 혹)이 그것이다. 상대의 커다란 기합 소리나 속임수 동작에 영향받지 말고 자기 판단과 능력을 믿으라는 것이다. 경·구·의·혹에 휘둘리면 자신도 모르게 몸이 얼어붙어 허둥대거나 공격 타이밍을 놓치게 마련이다. 초심자로서는 극복하기 쉽지 않은 마음 상태다.

수많은 서부영화의 주인공이자 미국 남성미의 상징이었던 존 웨인도 말에 오를 때 가끔 겁을 냈던 모양이다. 하기야 저 유명한 몽골의 칭기즈칸도 말에서 떨어져 결국 사망했다. 그러나 존 웨인은 '무서워 죽을 것 같아도' 일단 말안장에 오른다고 했다. 그게 용기라고 했다.

몇 년 전 방영된 국내 TV 드라마 '굿 닥터'에는 "용기란 두려움을 느끼지 않는 게 아니라 두려워도 계속 하는 것이다"라는 대사가 나온다. 사람은 누구나 놀라고 두려워하고 쓸데없이 의심하고 쉽게 미혹된다. 두려움은 신체의 안전과 직결되는 감정이기 때문에 특히 강렬하다. 엄습해오는 두려움을 뚫고 한 걸음 더 내딛는 것. 그 종이 한 장의 차이가 바로 용기의 영토다.

내가 두려워하는 것은 단 하나,
두려움이다.

− 웰링턴 공작(1769∼1852, 군인이자 전 영국 총리)

The only thing I am afraid of is fear.

웰링턴 말고도 비슷한 말을 한 유명인들이 더 있다. 원조로는 프랑스 사상가 미셸 드 몽테뉴(1533~1592)의 "내가 가장 두려워하는 것은 두려움이다"를 꼽아야 할 것 같다. 영국 철학자 프랜시스 베이컨 (1561~1626)은 "공포 자체 말고는 무서울 것이 없다"고 했고, 미국의 철학자이자 시인인 헨리 데이비드 소로(1817~1862)도 "두려움만큼 두려운 것은 없다"고 갈파했다. 가장 유명한 것은 프랭클린 루스벨트(1882~1945) 전 미국 대통령의 취임 연설문(1933년)에 등장한 "우리가 두려워해야 할 유일한 것은 두려움 그 자체"라는 문구다.

모든 두려움에는 까닭이 있는데 왜 이들은 두려움이 문제라고 말한 걸까. 내 소박한 추측으로는 두려움을 실질적인 '위험'과 구분해야 한다고 느꼈기 때문이다. 위험은 엄연한 현실이다. 그러나 두려움은 심리 상태, 즉 상상이다. 두려움이 위험을 감지한 데서 나오기는 하지만, 그 상상이 지나치면 냉정한 현실 인식과 대처를 오히려 방해한다. 집단공포, 패닉이란 게 바로 그런 상태다. 전 유럽이 두려워하던 나폴레옹을 상대로 워털루 전투에서 승리를 거둔 웰링턴도 따지고 보면 두려움과의 싸움에서 이긴 것 아닐까.

연은 바람을 타지 않고
바람에 맞설 때
가장 높이 오른다.

−윈스턴 처칠(1894~1965, 전 영국 총리)

Kites rise highest against the wind, not with it.

폭풍이 무서우면 배는 안전한 항구에 머무르면 된다. 그러나 배는 항구에 두려고 만든 게 아니다. 비바람과 크고 작은 역경을 두려워해선 아무것도 이루지 못한다. 돛단배는 바람이 불지 않으면 오도 가도 못한다. 바람으로 돛이 부풀어야 나아갈 수 있다. 연이 바람에 휩쓸리면 추락한다. 바람에 정면으로 맞서야 줄을 팽팽히 끌어당기며 가장 높이 오른다.

한 사람의 죽음은 비극이지만
백만 명의 죽음은 통계다.

－이오시프 스탈린(1879~1953, 구 소련 정치인)

A single death is a tragedy, a million deaths is a statistic.

비슷한 맥락에서 "한 사람을 죽이면 살인범이지만 수만 명을 죽이면 영웅"이라는 말이 있다. 전쟁과 학살·처형, 강제이주 등으로 엄청난 인명을 죽음으로 내몬 스탈린에게 꼭 들어맞는 말이지만, 인류 역사에서 이런 '통계'를 만들어낸 사건이 공산주의나 독재뿐인 것은 아니다. "장군 한 사람이 공을 세우는 데 만 명의 병사가 희생된다(一將功成萬骨枯)"는 말도 있지 않은가.

공식 발언록에 없다는 점에서 스탈린이 실제로 이 말을 했는지에 대해서는 이견이 많다. 《개선문》으로 유명한 독일 작가 레마르크의 소설 《검은 오벨리스크》에도 등장하며, 영어권에서는 1958년 〈뉴욕 타임스〉 기사에 스탈린의 말이라며 인용한 것이 계기라는 주장이 설득력 있다.

사람은 스스로 늑대가 되지 않으면
늑대에게 잡아먹힌다.

−아랍 격언

이 격언에도 아랍권의 전통적인 세계관이 진하게 배어 있다. 문득 드는 엉뚱한 의문. 영화 속 늑대인간처럼 늑대와 사람 사이를 왔다 갔다 할 수는 없는 것일까. 그러면 사람에서 늑대로, 혹은 늑대에서 사람으로 변하는 짧은 동안에 항상 늑대로만 살아가는 늑대들에게 잡아먹히고 마는 것일까. 늑대들만의 세상은 너무 삭막하다.

머리에 한 방 맞을래,
아니면 가슴에 다섯 방 맞을래?

−영화 '머니볼'의 대사

Would you rather get one shot in the head or
five in the chest and bleed to death?

스포츠 영화 '머니볼(Moneyball)'(2011년)에서 브래드 피트가 연기한 주인공 빌리 빈(오클랜드 애슬레틱스 구단 단장)이 소속 선수에 해고 결정을 통보하기 주저하는 부단장에게 한 말이다. 쓸데없이 에두르지 말고 단도직입적으로 사실을 전달하라는 뜻이다.

　남에게 하기 어려운 말을 꺼내기는 누구나 어렵다. 내가 부탁하는 입장일 때도 그렇지만, 상대에게 치명적으로 불리한 사실을 통보하는 것은 더더욱 그렇다. 그러나 안 좋은 소식일수록 처음부터 치고 들어가는 게 나을 때가 많다. 어차피 총 맞고 피 흘리며 죽게 돼 있다면, 가슴에 다섯 방 맞는 것보다는 머리에 한 방이 낫다. 서로 눈치가 빠한 상황에서 해야 할 말을 질질 끈다고 상대가 나의 미안함이나 인간됨을 더 알아주는 것은 아닌 듯하다. 때로는 고통 자체보다 고통이 다가오며 내는 발자국 소리가 더 아픈 법이다.

보수주의자는 강도를 당해 본 자유주의자다.

A conservative is a liberal who has been mugged.

제아무리 개인의 인권을 부르짖던 자유주의자도 막상 자기나 가족이 범죄나 무질서에 의해 피해를 보면 생각이 달라진다. 열렬한 사형제도 폐지론자가 있다고 치자. 만일 그의 가족이 사이코패스 흉악범에게 처참하게 살해당한다면 그는 어떤 생각을 하게 될까. 그 흉악범이 같은 전과가 많았음에도 불구하고 인권론자들의 주장에 따라 보호감호제도의 적용을 받지 않고 거리를 마음대로 활보하던 자였다면 어떤 느낌이 들까. 게다가 경찰이 인권 논란을 의식해 관내 전과자 관리를 소홀히 했다면?

물론 사람에 따라 자신의 신념대로 사형제 폐지를 계속 외칠 수도 있겠다. 그러나 그런 사람은 거의 성인군자 반열에 오를 정도로 아주 드물지 않을까 싶다.

"자유주의자는 강도를 당해보지 않은 보수주의자(A liberal is a conservative who has not been mugged)"라는 표현도 있다. 1970년대 서구에서 등장해 자유주의자와 보수주의자 간 각종 논쟁이 벌어질 때 보수주의를 옹호하는 수사로 인용돼 왔다.

자유주의자는 체포당해 본 보수주의자다.

－톰 울프(1931~, 미국 작가)

A liberal is a conservative who has been arrested.

보수주의자는 이 세상을 평화롭게 유지하기 위해서는 개인의 인권이 잠시 유보되더라도 사회를 강력하게 다잡아야 한다고 생각한다. 사람의 본성은 악한 측면이 많기에 성선설(性善說)에만 의지할 수는 없다고 생각한다. 리버럴(자유주의자)의 '방종'을 못마땅하게 여긴다. '깨진 유리창의 법칙'을 신봉한다.

그런 보수주의자가 어쩌다 공공장소에서 작은 요구나 의사 표현을 하다가 난생처음 경찰봉에 두드려 맞고, 양손이 등 뒤로 수갑 채워지고, 질질 끌려가 경찰차에 실려 연행된다면 어떤 느낌을 갖게 될까. 자신의 이메일이나 전화 통화 내역을 정부 기관이 낱낱이 감시하고 있었다는 사실을 뒤늦게 알아차렸다면 어떤 심정이 될까. 새삼 개인의 자유와 인권, 프라이버시가 얼마나 소중하며 삶의 기본적인 가치인지 절감하게 될 것이다.

이 말은 미국 작가이자 저널리스트인 톰 울프의 소설 《허영의 불꽃 (*The Bonfire of the Vanities*)》(1987년)에 처음 등장한다. "보수주의자는 강도를 당해본 자유주의자"라는 말을 반박하는 용도로도 회자된다.

만약 당신이 스물다섯 살인데
자유주의자가 아니라면 가슴이 없는 것이고,
서른다섯 살 되어서도 보수주의자가 아니라면
머리가 없는 것이다.

If you are not a liberal at 25, you have no heart.
If you are not a conservative at 35, you have no brain.

진보와 보수는 서로 보완관계다. 이상주의와 현실주의가 조화를 이루어야 하는 것과 같은 원리다. 그런데 한 개인의 정치 성향도 나이에 따라 변화하게 된다. 피 끓는 젊은 시절에는 진보적인 리버럴을, 나이가 들어서는 안정을 추구하는 보수주의를 선호하는 것이 일반적이다.

이 격언의 역사는 19세기 후반으로 거슬러 올라간다. 1875년 프랑스 문헌에 처음 등장했다는 설이 유력하다. 19세기부터 현대에 이르기까지 시기에 따라 정치적 진보와 보수의 대립이 왕정과 공화정, 사회주의와 자본주의, 자유주의와 보수주의로 변화하면서 표현도 크게 3가지로 나뉘어 아래의 예문들과 같이 다양한 버전으로 유통되어 왔다.

> "20세에 공화주의자가 아닌 사람은 가슴이 모자라고, 30세에도 공화주의자인 사람은 머리가 모자라다."
> "25세 이전에 사회주의자가 아닌 사람은 가슴이 없고, 25세 넘어서도 사회주의자인 사람은 머리가 없다."
> "젊어서 리버럴이 아닌 사람은 가슴이 없고, 중년이 돼서도 보수주의자가 아닌 사람은 머리가 없다."

각 표현의 최초 발언자를 두고도 영국 정치인 에드먼드 버크(1729~1797), 전 영국 총리 벤저민 디즈레일리(1804~1881)와 윈스턴 처칠, 전 스웨덴 국왕 오스카르 2세(1829~1907) 등 여러 사람이 언급된다.

4

얼음이 깨지면 누가 친구이고 적인지 알게 된다

도시 거리에는 때때로 장이 선다
수박을 실은 수레가 있고
수레를 끄는 나귀는 똥을 누느라 고요하다
닭과 소와 돼지의 피냄새는 신선하고
짐승의 창자를 들여다보는 백정의 눈은 고요하다
해가 뜨고 달이 지고
별은 도시의 이마를 스치고 지나가고
붉은 콩과 검은 깨는 자루에서 쏟아져 나온다
하얀 국수는 무쇠솥에서 더운 춤을 추고
대사리에는 넓적한 물고기들이 마르고 있다
누가 이 시장 한가운데 눈이 맑고 다리를 저는
소년을 세워두었는가
어미와 누이를 한없이 기다리는
소년을 세워두었는가

－허수경(1964~, 시인)

시인 허수경의 작품 '흑백 사진 한 장' 전문이다. 허 시인의 다른 시들도 좋지만, 특히 이 시 앞에서 나는 생각이 많아진다. 아니, 잡생각은 다 사라지고, 세상과 존재와 삶과 죽음에 대해서만 생각하게 된다. 참 서늘한 시다.

얼음이 깨지면 누가 친구이고 적인지 알게 된다.

−에스키모 속담

You never really know your friends from your enemies
until the ice breaks.

북극 주변의 눈과 얼음, 찬 바다에서 삶을 일구는 에스키모족다운 속담이다. 어려움이 닥쳤을 때 내 편이 돼주는 친구가 진정한 친구다. 명심할 것. 얼음은 저절로 깨진 게 아니라 오랜 친구가 지난밤 몰래 깨놓은 것일 수도 있다. 하나 더 가슴에 새기자. 얼음이 깨질 때 가장 먼저 테스트당하는 것은 바로 당신 자신이라는 사실을.

여우가 설교할 때는 당신의 거위들을 잘 챙겨라.

−프랑스 속담

When the fox preaches, take care of your geese.

사기꾼들은 공통적으로 공감과 소통 능력이 기막히게 발달한 사람들이라 한다. 상대방의 심리 상태, 특히 무엇을 불안해하고 무엇에 욕심을 내는지 잘 파악하며, 상대의 반응에 따라 그때그때 적절한 미끼를 골라 내민다는 것이다. 여우의 목표는 거위이지만 자신이 작고 힘이 약하므로 먼저 말로 호리려 든다. 보이스피싱처럼 말을 수단으로 삼는 사기는 호랑이나 늑대의 벌거벗은 폭력 못지않게 무섭고 가증스럽다.

한두 개인이 아닌 대중을 상대로 이루어지는 '여우의 설교'도 있을 것이다. 질 나쁜 정치인이나 독재자가 즐기는 짓이다. 이와 관련해 음미할 만한 경구가 있다.

"군중의 선두에 서서 앞을 가리키며 '저기에 적이 있다!'고 외치는 그 자가 바로 적이다."

남의 눈물은 물일뿐이다.

— 러시아 속담

The tears of strangers are only water.

나의 생인손이 남의 팔다리 잘린 것보다 더 고통스러운 법이다. 러시아 속담은 두 가지 시사점을 준다. 나의 피눈물도 남에게는 그저 물이라는 것을 잘 깨닫고 행동할 것, 그리고 남의 눈물을 물로만 보지 않도록 항상 주의하라는 것.

만약 당신이 은행에 100달러를 빚졌다면
그건 당신의 문제다.
그러나 당신이 은행에 1억 달러를 빚졌다면
그건 은행의 문제다.

−진 폴 게티(1892~1976, 미국 사업가)

If you owe the bank $100, that's your problem.
If you owe the bank $100 million, that's the bank's problem.

거미줄을 보라. 파리나 나방은 꼼짝없이 걸려들지만 참새는 휙 뚫고 지나간다. 금융위기 때 투입된 막대한 공적자금은 결국 국민 개개인의 호주머니에서 나온 것인데, 돌려받지 못하는 경우가 허다하다. 폴 게티의 말처럼 채무자의 문제가 아니라 은행의 문제, 나아가 국가의 문제로 둔갑해버렸기 때문이다.

사진사이트로 유명한 게티이미지의 창업자이기도 한 폴 게티는 원래 억만장자 석유재벌이다. 자수성가한 사람답게 대단한 구두쇠였다. 1973년 손자 폴 게티 3세가 이탈리아에서 인질범에 납치됐다. 범인들은 몸값 1700만 달러를 요구했지만 아버지인 폴 게티 2세는 할아버지 밑에서 월급 100달러를 받고 일하는 처지여서 지불할 능력이 없었다.

화난 범인들이 게티 3세의 귀를 잘라 보내자 할아버지 폴 게티 1세가 마지못해 나섰다. 몸값을 깎고 깎아 270만 달러를 주고 손자를 구출했다. 그나마 폴 게티 2세가 아버지에게 연 4퍼센트 이자로 갚겠다고 읍소해 가능했다고 한다. 손자 게티 3세는 이때의 정신적 충격으로 술과 마약에 절어 살다가 24세에 약물 부작용으로 반신불수가 됐고, 평생 휠체어에 의지하다 2011년 54세 나이로 세상을 떴다.

사진이 안 좋은 건
현장에 충분히 접근하지 않았기 때문이다.

−로버트 카파(1913∼1954, 헝가리 출신 미국 사진작가)

If your pictures aren't good enough, you aren't close enough.

사진기자를 포함한 모든 저널리스트의 스승이나 마찬가지인 로버트 카파. 스페인 내전, 중일전쟁, 제2차 세계대전, 중동전쟁 등을 두루 다니며 수많은 사진 작품을 남겼다. 인도차이나 전선을 취재하다 지뢰를 밟아 죽는 순간에도 카메라를 움켜쥐고 있었다.

첫사랑이 스페인 내전에서 숨진 뒤 다른 여성과 사귀기는 할지언정 결혼은 하지 않았다. 여배우 잉그리드 버그만의 청혼마저 거절한 매력남이자 순정남이었다. 최고의 전쟁 사진가였지만 제2차 세계대전이 끝난 직후 이런 말도 남겼다.

"전쟁터 전문 사진작가의 첫째가는 소망은 실직하는 것이다."

빨리 현명해지거라.
마흔 살에도 바보면 진짜로 바보다.

−에드워드 영(1683〜1765, 영국 시인·극작가)

Be wise with speed; a fool at forty is a fool indeed.

오랜만에 동창회에 나가 옛 친구들을 만나보면 안다. 사람은 성인이
된 뒤에도 성격이나 행동방식이 좀체 변하지 않는다. 재산의 많고 적
음이나 지위의 높고 낮음은 달라질 수 있지만, 원래의 성정(性情)은
대체로 젊은 시절과 판박이다. 드물지만, 세월이 지나 만나니 성품이
나 행동이 옛날과 판이하게 달라진 사람도 있다. 그사이 큰 깨달음을
얻어 스스로 변화했거나, 아니면 옛날에 보여준 모습이 그의 본래 모
습이 아니었을 수도 있다.

　어느 쪽이든 미욱스럽거나 덜떨어진 상태가 마흔 살 넘어서도 계
속된다면 그가 새로운 사람으로 거듭날 확률은 대단히 낮다고 보아야
한다. 미국 16대 대통령 에이브러햄 링컨(1809~1865)도 "사람은 마
흔 살이 넘으면 자기 얼굴에 책임을 져야 한다"라고 말했다.

인생의 제일 큰 수수께끼 중 하나는
당신의 딸과 결혼하기에 모자라 보이던 저 젊은이가
어떻게 세상에서 제일 똑똑한 손주의
아버지가 될 수 있었는가다.

−유대 속담

One of life's greatest mysteries is how the boy
who wasn't good enough to marry your daughter
can be the father of the smartest grandchild in the world.

저절로 웃음을 머금게 만드는 속담이다. 딸바보라는 말이 있지만 손자바보, 손녀바보한테는 못 당한다. 손주가 태어나면 예외 없이 정신들 못 차리고, 어쩌다 손자, 손녀 이야기가 나오면 벌린 입이 다물어지지 않는 사람을 주변에서 흔히 본다. 휴대전화 시작화면에 손주 사진은 기본이다. 덕분에 혼담이 오갈 때는 못마땅하고 덜떨어져 보이던 사위도 장인의 인정과 사랑을 받게 되나 보다.

악은 평범하며 언제나 사람 모습을 하고 있다.
우리와 함께 잠자고 우리와 함께 밥을 먹는다.

－위스턴 휴 오든(1907~1973, 영국 출신 미국 시인)

Evil is unspectacular, and always human,
and shares our bed and eats at our table.

유대인 학살에 앞장선 나치 전범 루돌프 아이히만에 대해 철학자 한나 아렌트는 '악의 평범성'을 지적했다. 아이히만은 평범하고 성실하기까지 한 사람이었으나 단지 '생각하지 않는 사람'이었다는 지적이다. 그에게 학살은 범죄가 아니라 '업무'였던 것이다.

멀리 갈 것도 없이, 과거 민주화운동 과정에서 고문당한 이들은 고문 중 휴식시간에 고문 경관들이 서로 집안일을 묻고 자녀 성적을 걱정하더라고 증언한다.

어찌 보면 고문 자체보다 더 끔찍한 풍경이다. 정치적 맥락을 떠나 요즘 보도되는 일반 범죄들을 보더라도, 악은 결코 먼 곳에 있지 않은 것 같다.

악마는 디테일에 있다.

The devil is in the details.

엄청난 사건이나 사고를 조사해보면 반드시 작은 잘못이나 실수가 겹쳐진 결과임이 드러난다. 다 잘하다 딱 한 번 일을 그르치는 천려일실(千慮一失)이라면 모르겠는데, 우리 사회는 사소해 보이는 부분, 즉 디테일을 너무 자주 무시해버린다. 소를 잃고 외양간마저 고치지 않는 풍토다.

악마는 거대하고 흉측한 모습을 하고 있지 않다. 눈에 띄지 않는 작은 부품, 작은 규칙 안에 살며시 들어가 자리 잡는다.

일찍이 프랑스 소설가 귀스타브 플로베르(1821~1880)는 "신은 디테일 속에 있다"는 말을 남겼다. 근대 건축의 거장 루드비히 미스 반 데어 로에(1886~1969)도 같은 말을 좋아했다. 신 아닌 악마가 디테일 속에 있다는 표현은 1969년 영국 〈타임스〉지에 처음 인용된 것으로 알려졌다.

우리는 남의 기쁨에서 나의 슬픔을 얻고,
같은 식으로 남의 슬픔에서 나의 기쁨을 얻는다.

－오웬 펠담(1602~1668, 영국 작가)

We pick our own sorrows out of the joys of other men,
and from their sorrows likewise we derive our joys.

인간 본성에는 이런 어두운 면이 확실히 있다. 독일어에는 아예 '샤덴프로이데(schadenfreude)'라는 단어가 있다. '남의 불행을 기뻐하는 마음'이란 뜻이다. 그러니 남의 슬픔이나 기쁨을 마치 내 일처럼 같이 슬퍼하거나 기뻐하는 것은 쉽지 않다. 처지를 바꾸어 생각할 줄 아는 역지사지(易地思之)가 그나마 유력한 처방이다. 남의 슬픔을 100퍼센트 똑같이 느끼지는 못할지언정 비슷하게 연기를 하는 단계에는 도달할 수 있을 테니까.

진실의 화살을 쏠 때는 화살촉에 꿀을 묻혀라.

−아랍 속담

When you shoot an arrow of truth, dip the point in honey.

아랍 유목민인 베두인족 속담에 "진실은 무기 없이 세상을 걸어 다닌다"는 말이 있다. 그만큼 약하고 당하기 쉽다는 뜻이다. 전쟁이 나면 가장 먼저 희생되는 것이 진실이라고 한다.

그러나 진실은 약하면서도 속성 자체는 매우 독하다. 사람을 다치게 하기 쉽다. 역사적으로도 진실을 말하다 죽은 사람이 얼마나 많은가. 권력자에게든 사랑하는 사람에게든, 감춰졌던 진실을 말할 때는 신중에 신중을 기하는 게 낫다. 화살을 쏘기 전에 화살촉을 꿀에 담글 것. 수천 년 이어져 온 아랍의 지혜다.

아기 신발 팝니다. 한 번도 신지 않았습니다.

For Sale, Baby Shoes, Never Worn.

"어니스트 헤밍웨이(1899~1961, 미국 소설가)가 어느 날 동료 작가들과 식당에서 이야기를 나누고 있었다. 헤밍웨이는 작가들에게 '나는 딱 여섯 단어로 단편소설을 쓸 수 있다'고 주장했다. 다들 말도 안 된다고 했다. 헤밍웨이는 '그럼 이 테이블 위에 10달러씩 올려놓아라. 만약 내가 못하면 10달러씩을 더 보태주겠다. 만약 해내면 전부 내 돈이다'라고 말한 뒤 냅킨을 펴서 여섯 글자를 써나갔다. For sale: Baby shoes. Never worn. 이 짧은 '소설'을 보여주자 다들 아무 말도 하지 못했다."

온라인상으로 널리 유포된 이 일화는 말이나 글이 주는 감동이 분량과 비례하지는 않는다는 진리를 웅변한다. 한 번도 신지 않은 아기 신발. 아기는 아마 이 세상 사람이 아니거나 최소한 신발을 신지 못할 처지가 됐을 것이다. 성인용도 아니고 아주 조그만 아기 신발이다. 그걸 깨닫는 순간 누구나 가슴이 울컥해질 수밖에 없다. 비슷한 뜻으로 "유모차 팝니다. 한 번도 쓰지 않은 것입니다(For Sale, Baby Carriage, Never Used)"라는 문구도 많이 인용된다.

하지만 이 문구의 원작자는 헤밍웨이가 아닐 가능성이 높다. 이미 1910년 영어권 신문에 죽은 아기의 한 번도 사용하지 않은 물품을 판다는 광고를 언급하면서 아기 부모의 심정에 공감하는 칼럼이 실렸다고 한다. 이어 다른 기사나 칼럼을 거치면서 아기용품은 '신발'과 '유모차'로 압축되며, 세상에서 가장 짧고 슬프고 감동적인 문구로 퍼져나가게 된 듯하다. 헤밍웨이가 식당에서 즉흥적으로 지었다는 이야기는 1990년을 전후해 연극과 책에 담기게 된다(헤밍웨이는 1961년 엽총

자살로 생을 마쳤다). 그러나 헤밍웨이면 어떻고 아니면 또 어떠랴. 100년 이상에 걸쳐 여섯 단어에 담긴 슬픔과 비애를 함께 나눈 모든 이들이 원작자라 해도 틀린 말은 아닐 것이다.

유혹을 어떻게 피할지 걱정 마라.
나이가 들면 유혹이 당신을 피할 것이다.

－조이 애덤스(1911~1999, 미국 코미디언)

Do not worry about avoiding temptation.
As you grow older it will avoid you.

유혹에는 두 가지가 있다. 바깥에서 다가오는 유혹, 그리고 내 안에서 피어오르는 유혹. 인간 본능에 기대 다가오기 때문에 쉬운 상대는 아니다.

이때 나이듦이 좋은 약이다. 외모와 활력이 뚝 처지므로 외부로부터의 유혹은 뜸해진다. 내 안의 더운 피가 식어감에 따라 남을 유혹하려는 욕심도 줄어든다. 그래서 공자는 나이 마흔을 불혹(不惑)이라 했다(《논어》 위정 편).

그러나 공자 정도 되니까 그렇지, 보통사람도 그럴까. 더구나 팽팽하게 건강한 중·노년이 흔하고 노년의 성(性)이 사회문제로 부각되는 요즘이다. 오늘날의 '마흔 살 불혹'은 아직 유혹받기 쉬운 나이이니 더더욱 조심하라는 역설적인 경구로 이해해야 맞을 듯하다.

은행가란

해가 쨍쨍할 때 우산을 빌려주었다가

비가 오면 즉시 돌려달라고 재촉하는 사람이다.

－마크 트웨인(1835~1910, 미국 작가)

A banker is a fellow who lends you his umbrella when the sun is shining,

but wants it back the minute it begins to rain.

요즘도 은행업의 속성에 대해 말할 때 자주 인용되는 문구다. 미국의 유명 코미디언 밥 호프(1903~2003)도 다음과 같은 명언을 남겼다.

"은행은 당신에게 돈이 필요 없다는 사실이 입증될 때 당신에게 돈을 빌려주려 하는 곳이다(A bank is a place that will lend you money if you can prove that you don't need it)."

취향과 수준을 혼동하지 말라.

필자가 신문기자로 오래 일하면서 스스로 다짐했던 말 중 하나다. 기자는 직업상 남의 행동이나 말, 글을 일상적으로 비판·비평하게 된다. 그러다 보면 갑(甲)도 아닌 주제에 갑처럼 행세할 위험이 생긴다. 심하면 전지적 시점에서 남과 세상을 보게 될 수도 있다. 사실은 남의 글이나 말이 나와 취향이 다를 뿐이고 종류가 다를 뿐인데, 그걸 수준 차이라고 단정하는 오류를 범할 가능성도 크다.

어느 정도 경력이 쌓인 데스크가 되어 후배 기자들의 기사나 칼럼을 손보던 시절 특히 취향과 수준을 혼동하지 않고자 애를 쓴 기억이 있다.

어떤 사람들은 25세에 이미 죽었는데
장례식은 75세에 치른다.

−벤저민 프랭클린(1706~1790, 미국 사상가)

Some people die at 25 and aren't buried until 75.

스무 살 늙은이가 있는가 하면 예순 살 젊은이가 있다. 진정한 젊음은 육체적 나이보다는 내면세계에 더 좌우되는 것 아닐까. 이상과 호기심, 정열이 모두 사라진 25세는 이미 정신적으로 죽은 사람이다. 50년 뒤 육체의 장례식을 치를 일만 남았을 뿐이다. '어떤 사람들'에 나 자신은 포함되지 않는지 각자 곰곰이 생각해볼 일이다.

노인 한 사람이 죽는 것은
도서관 하나가 불타 없어지는 것과 같다.

−아마두 앙파데바(1901∼1991, 아프리카 말리공화국 작가)

When an old man dies, a library burns to the ground.

아마두 앙파데바는 작가이자 민족학자였으며 외교관이자 유네스코 집행이사회 이사를 지낸 아프리카의 지성이다. 이 말은 그가 1960년 유네스코 연설에서 한 것이다. 원문(프랑스어)은 "아프리카에서는 노인이 죽으면 그건 도서관이 불타는 것이다"였다. 민족학자인 앙파데바는 문자가 아닌 구전으로 모든 문화가 전승돼 온 아프리카의 특성을 소중히 여겼다. 스스로 "나는 바오밥 나무 그늘에서 가르치는 구어(口語)라는 위대한 대학을 졸업했다"고 자부했다.

노인문제는 아프리카를 넘어 전 지구적 과제다. 초고령 사회로 치닫는 한국도 예외가 아니다. 시시각각 변화하는 정보화 사회에서 노인들의 경험과 지혜는 과연 낡고 쓸모없을 뿐인가. 앙파데바의 말이 전 세계인의 공감을 얻는 이유다. 우리나라에도 독자가 많은 프랑스 작가 베르나르 베르베르도 국가가 나서서 노인들을 가두고 죽인다는 내용의 단편소설 〈황혼의 반란〉에서 아마두 앙파데바의 이 경구를 인용했다.

나는 천체의 움직임을 계산할 수 있지만,
사람들의 광기는 이해하지 못하겠다.

―아이작 뉴턴(1643~1727, 영국 물리학자)

I can calculate the motion of heavenly bodies,
but not the madness of people.

평생 물리학과 수학을 연구했고 인류사에 큰 업적을 남긴 뉴턴은 영국에서 가장 인기 있던 무역회사인 남해회사(South Sea Company)에 주식투자를 한다. 처음에는 7,000파운드가량 수익을 냈다. 그러나 위대한 뉴턴도 주식시장의 변화만큼은 예측하지 못했다. 1720년, 유럽의 3대 투기사건으로 꼽히는 남해거품(South Sea Bubble) 사건이 터지자 주가 폭락으로 순식간에 2만 파운드를 잃었다. 이때 그가 탄식하며 한 말이다.

뉴턴은 억장이 무너졌겠지만 우리 같은 보통사람 입장에서는 왠지 유쾌해진다. 뉴턴도 주식은 어쩔 수 없었어,라며 위안거리로 삼게 된다. 따지고 보면 위인이나 천재들의 삶에도 허술한 구석이나 약점, 실수, 위선, 심지어 악행까지 골고루 섞여 있다. 그들도 인간이기 때문이다. 교육학의 고전인《에밀》의 저자 장 자크 루소는 젊은 시절 여성들을 상대로 속칭 '바바리맨' 짓을 일삼았고, 자신의 다섯 아이를 모두 고아원에 보낸 것으로 유명하다. 여성과 사귀는 일을 사회악이라고 비판했던 톨스토이는 사실 사창가를 자주 드나들던 사람이었다.

21세기가 된 지금도 주가 변동을 완벽히 예측하지 못한다. 뉴턴의 후예들, 즉 수많은 수학·물리학 전공자가 금융계에서 일하는데도 그렇다. 어쩌면 뉴턴이 진짜 이해하지 못한 것은 사람들의 광기가 아닌 바로 자기 자신의 욕심을 절제하는 방법 아니었을까.

종교 없는 과학은 절름발이이고
과학 없는 종교는 맹목이다.

－앨버트 아인슈타인(1879~1955, 물리학자)

Science without religion is lame,
religion without science is blind.

과학과 종교의 상관관계에 대한 아인슈타인의 명언이다. 서로 상충되는 것이 아니라 보완관계임을 역설했다. 독일 철학자 이매뉴얼 칸트(1724~1804)의 "직관 없는 개념은 공허하고 개념 없는 직관은 맹목이다"라는 유명한 명제에서 힌트를 얻었을 것으로 추정하기도 한다.

고소득이란

내 마누라 자매의 남편보다

1년에 최소한 100달러라도

더 많은 소득을 말한다.

－헨리 루이스 멘켄(1880~1956, 미국 저널리스트·비평가)

Wealth: Any income that is at least one hundred dollars
more a year than the income of one's wife's sister's husband.

흔히 말하는 '엄친아' 또는 부인 친구의 남편, 남편 친구의 부인 같은 비교 대상을 연상하면 되겠다. 동양이든 서양이든 남편들은 동서보다 소득이 적으면 부인에게 은근히 닦달당하는 모양이다. 독설가로도 유명했던 멘켄은 "사랑이란 한 여자가 다른 여자들과 다르다고 착각하는 것" 같은 재미있는 말을 많이 남겼다.

현자는 말해야 할 무언가가 있기 때문에 말하고,
바보는 뭐든 말해야 하기 때문에 말한다.

- 플라톤(기원전 427~347년경, 그리스 철학자)

Wise men talk because they have something to say;
fools, because they have to say something.

쓸데없는 말을 경계하는 것은 동서양이 마찬가지다. 불교 경전 숫타니파타는 "사람은 이 세상에 태어날 때 입속에서 도끼도 함께 태어난다"고 했다. 성경도 "미련한 자라도 잠잠하면 지혜로운 자로 여겨지고 그의 입술을 닫으면 슬기로운 자로 여겨지느니라"고 충고한다.

진짜 위선자는
자신의 속임수를 자각하기를 멈추고
진심으로 거짓말을 하는 사람이다.

−앙드레 지드(1869~1951, 프랑스 소설가)

The true hypocrite is the one who ceases to perceive his deception,
the one who lies with sincerity.

이 정도는 돼야 최고 경지의 위선자이지 싶다. "남을 속이려면 자기 자신부터 속여라"는 말이 생각난다. 사이코패스나 소시오패스 중에 이런 유형의 사람이 많다고 한다. 일종의 망상장애에 해당하는 리플리 증후군 환자도 '진심으로 거짓말을 하는' 유형이다.

미국 작가인 퍼트리샤 하이스미스의 소설《재능 있는 리플리 씨》 (1955년)에서 유래한 리플리 증후군은 거짓을 현실로 믿으며 살아가는 증상이다. 신문 사회면에 가끔 등장하는, 자신이 국정원 요원 또는 명문대 출신 엘리트라며 사기를 치다 붙잡힌 사람 중에는 속이려는 의도 없이 진짜로 그렇게 믿고 있는 리플리 증후군 환자가 발견된다고 한다. 이들은 너무나 '진실'하기에 거짓말탐지기에도 걸리지 않는다. 개인의 강한 성취욕과 너무 높아 이룰 수 없는 꿈 사이를 이어주는 환상의 사다리라고 볼 수 있다.

정신병적 증상이 아니라 고도의 기획력과 창의력, 연기력이 뒤섞인 위선이나 범죄행위에는 어떻게 대처해야 하나. 사회에 끼치는 해악은 그들이 훨씬 더 클 것이다. 전 미국 대통령 에이브러햄 링컨은 악질적인 위선에 대해 이런 정의를 내렸다. "위선자란, 자기 부모를 살해하고 나서 고아가 되었다는 이유로 용서해달라고 간청하는 사람이다."

어떤 남자가 당신의 부인을 훔쳐 간다면,
그가 그녀와 계속 살도록 하는 게
가장 통렬한 복수다.

−사샤 기트리(1885~1957, 러시아 출신 프랑스 배우)

When a man steals your wife,
there is no better revenge than to let him keep her.

아마 남자들이라면 사샤 기트리의 유머에 무릎을 칠 것이다. 그러나 잊지 마시라. 이 말은 남녀가 바뀌어도 성립되니까. 다재다능한 배우이자 극작가이자 감독인 기트리는 실제로 다섯 번이나 결혼했다. 상대는 모두 신인 여배우였으며, 기트리 덕분에 유명 배우로 성장했다고 한다. 기트리는 결혼 전문가답게 "훌륭한 결혼의 비결은 상대가 첫 결혼이 아니라는 사실을 눈감아 주는 데 있다"는 말도 했다.

여자는 티백과 같다.
뜨거운 물에 담그기 전까지는
얼마나 강한지 알 수 없다.

－낸시 레이건(1921～, 레이건 전 미국 대통령 부인)

A woman is like a tea bag.
You never know her strength until she is in hot water.

낸시 레이건은 남편 로널드 레이건처럼 할리우드에서 배우로 활약했다. 티백은 물에 담그기 전에는 어떤 맛인지 알 수 없다. 전직 배우답게 여성과 여성성의 잠재된 힘을 유머가 깃든 비유로 강조했다. 남편이 현직 대통령이던 1981년 여성 공화당원 전국연맹 행사장에서 한 말이다.

남자가 아마도
자기 아버지가 옳았을지 모른다고 깨달을 때쯤,
그에게는 아버지가 틀렸다고 생각하는
아들이 항상 있다.

−찰스 워즈워스(1929∼, 미국 피아니스트)

By the time a man realizes that maybe his father was right,
he usually has a son who thinks he's wrong.

군이 오이디푸스 콤플렉스까지 들먹일 것도 없다. 살부(殺父)의식은 예술작품의 오랜 소재이기도 하다. 아버지와 아들은 영원한 갈등 관계다. 특히 아들이 사춘기일 때 그렇다.

그래서인지 우리 조상들은 어린 자식에게 처음 글을 가르칠 때 부친이 나서지 않았다. 아버지는 뒤로 빠지고 할아버지 또는 삼촌뻘 집안 어른이 교육을 맡았다. 가르치다 보면 꾸짖거나 회초리도 들게 되는데, 그러다 자칫하면 회복이 불가능할 정도로 사이가 벌어지기 때문이다.

어찌 남자뿐이겠는가. 부자지간에 오이디푸스 콤플렉스가 있다면 모녀 사이에는 엘렉트라 콤플렉스가 있다. 여자들도 사춘기에 어머니로부터 "너도 커서 애 낳고 살아봐라"는 푸념을 듣곤 한다.

결혼해서 자기 자식을 낳고 키우다 보면 새삼 어머니·아버지를 다시 떠올리게 마련이다. 그때쯤엔 이미 사사건건 부모와 엇나가는 아들딸이 있다. 사춘기 자녀를 둔 중년이라면 워즈워스의 명언이 정곡을 찌른다는 것을 깨달을 것이다.

여기에서 역(逆)은 성립하지 않는다. 깨달음을 동반한 뒤늦은 회한은 항상 나이든 쪽이 짙어진다는 말이다. 그게 인생이다.

너희 젊음이 너희 노력으로 얻은 상이 아니듯,
내 늙음도 내 잘못으로 받은 벌이 아니다.

−영화 '은교'에서

유명 시인과 그의 제자, 그리고 풋풋한 여고생의 삼각관계를 다룬 영화 '은교'(2012년)의 명대사다. 주인공인 70대 시인 이적요(박해일 분)가 한 말이다. 영화의 원작인 박범신 작가의 소설 《은교》에 등장하는 "너희의 젊음이 너희의 노력에 의하여 얻어진 것이 아닌 것처럼, 노인의 주름도 노인의 과오에 의해 얻은 것이 아니다"는 구절에서 따온 대사일 것이다.

박범신 작가는 《은교》에서 70대 시인의 입을 빌려 이런 말도 한다. "노인은 기형도 아니다. 따라서 노인의 욕망도 범죄가 아니고 기형도 아니다. 노인은, 그냥 자연일 뿐이다. 젊은 너희가 가진 아름다움이 자연이듯이."

제일 먼저 이름을, 다음에는 얼굴을 잊는다.
이어 바지 지퍼 올리는 것을 잊고,
다음엔 지퍼 내리는 것을 잊는다.

−레오 로젠베르크(1879∼1963, 독일 법학자)

First you forget names, then you forget faces,
then you forget to pull your zipper up,
then you forget to pull your zipper down.

중년 이후 많은 이들이 공통적으로 실감하는 기억력 감퇴는 고유명사가 기억나지 않는 데서 시작된다. 익숙한 이름이나 지명이 혀끝에서 뱅뱅 돌기만 하고 끝내 기억나지 않는 것을 '혀끝 현상(tip-of-the-tongue phenomenon)'이라고 한다. 레오 로젠베르크는 기억력 감퇴 진행 과정을 유머러스하게, 그러나 남의 일 같지 않게 표현했다. 오늘날 시중에 떠도는 '치매 5단계' 같은 노화 관련 유미의 원조라 할 수 있다.

5

멈추어라, 그리고 꽃향기를 음미하라

너는 네 생의 길이에 대해서는 아무것도 할 수 없다.
그러나 넓이와 깊이에 대해서는 무언가 할 수 있다.

−헨리 루이스 멘켄(1880~1956, 미국 저널리스트·비평가)

You can't do anything about the length of your life,
but you can do something about its width and depth.

똑같은 기간을 살다 죽더라도 삶의 질은 사람에 따라 천차만별이다. 건강에 신경 쓰고 되도록 위험을 피한다면 수명이 늘어날 확률이 높아진다. 그러나 기본적으로 인명은 재천(在天)이다. 인생의 양은 어쩔 수 없다 치더라도, 질만큼은 자기 하기에 달렸다. 한 인생의 폭과 심오함은 결국 본인이 결정하는 것이다. 삶의 넓이와 깊이만이 아니라 빛깔과 향기까지 모두 자신이 만드는 것이다.

남을 믿으세요.

그러나 그 100배로 자기 자신을 믿으세요.

－데즈카 오사무(1928~1989, 일본 만화가)

人を信じよ．しかしその百倍も自らを信じよ．

'우주소년 아톰', '밀림의 왕자 레오'로 한국에도 유명한 일본 만화가 데즈카 오사무의 좌우명이다. 세상은 결국 자기가 헤쳐 나가는 것이고 최종적으로 의지할 곳도 결국 자기 자신이라는 신념이 담겼다. 그는 생전에 이 문구에 대해 "때로 믿었던 사람에게 배신당하는 경우가 있다. 그런 때는 나 자신만이 강한 방패이자 우군이라는 사실이 절망을 극복하는 유일한 길이었다. 몇 번의 경험에서 이 말이 탄생했다"고 고백했다.

나는 젊은 시절에
10개의 일을 하면 9개는 실패였다.
그래서 일하는 양을 10배로 늘렸다.

−조지 버나드 쇼(1856~1950, 아일랜드 극작가·소설가)

When I was young,
I observed that nine out of ten things I did were failures.
So I did ten times more work.

오래전에 한 중장비 세일즈맨의 수기를 읽은 적이 있다. 평균적으로 방문하는 고객 100명당 2~3명꼴로 계약에 응해주었다. 그러자 세일즈맨은 자신이 하루에 방문하는 고객 수를 10배로 늘렸다. 10배 노력한 만큼 실적도 10배로 뛰었다.

천재적인 기지와 위트로 유명한 버나드 쇼도 알고 보니 대단한 노력가였구나 하는 느낌이다. 역시 모든 성공의 이면에는 반드시 '남 몰래 흘리는 눈물'이 숨어 있다. 공부도 마찬가지다. "공부는 머리로 하는 게 아니라 엉덩이로 하는 것"이라는 말처럼, 노력하는 사람에겐 당해낼 수가 없다.

고개를 숙이고 있으면 무지개를 발견할 수 없다.

— 찰리 채플린(1889~1977, 영국 배우·영화감독)

You'll never find a rainbow if you're looking down.

"눈물에 젖은 눈으로는 미래를 볼 수 없다(You cannot see the future with tears in your eyes)." 미국 나바호족 인디언의 속담이다. 앞을 보려면 먼저 눈물부터 닦고 마음을 추슬러야 한다.

살다 보면 의기소침해질 때가 수없이 많지만, 무지개는 언제나 땅바닥 아닌 하늘에 뜨는 법이다. 툭툭 털고 고개를 쳐들어야만 희망이라는 무지개를 볼 수 있다. 영어권에는 "무지개를 보려면 비를 좀 맞아야 한다(To see a rainbow, we have to stand a little rain)"는 속담도 있다.

꼭 해야 할 일부터 하라.

그 다음에는 가능한 일을 하라.

그러면 어느 순간 당신은

불가능해 보이던 일을 하게 된다.

−아시시의 성 프란체스코(1181~1226, 로마 가톨릭 수도사)

Start by doing what is necessary;

then do what is possible; and suddenly you are doing the impossible.

일의 순서에 관한 프란체스코 성인의 명언이다. 나의 친구 중에는 시를 100편 이상 외우는 이가 있다. "그 많은 시를 어떻게 다 외우느냐"고 물은 적이 있다. 대답이 재미있다. 전문 12행 분량의 시가 있다면 처음에는 3행씩 나누어 네 부분을 차례차례 외운다. 그 다음에는 앞의 6행, 뒤의 6행을 한 번에 외운다. 마지막으로 12행 전부를 통째 외운다는 것이다. 지극히 평범하고 당연한 방법인데, 문제는 실천하는 사람이 드물다는 것이다. 기발한 비법을 기대했다가 맥이 빠진 나에게 친구가 말했다. "물론 대전제는 시를 좋아해야 한다는 것이지"라고. 프란체스코 성인의 명언도 일견 당연해 보이지만 많은 이들이 그냥 지나치는 진실을 담고 있다.

영원히 살 것처럼 공부하고,
내일 죽을 것처럼 살아라.

−마리아 미첼(1818~1889, 미국 천문학자)

Study as if you were going to live forever;
live as if you were going to die tomorrow.

마리아 미첼은 미국 최초의 여성 천문학자다. 1847년 '미스 미첼 혜성'을 발견해 세계적으로 명성을 떨쳤다. 미국 예술과학아카데미의 첫 여성 회장과 미국 철학협회의 첫 여성 회장을 지냈으며 흑인 노예제도에 반대해 노예노동의 산물인 면직물 옷을 입지 않는 등 여러모로 선구자였다. 근대 서양에서 미첼 이전의 여성 천문학자는 독일 출신의 캐롤라인 허셜(1750~1848)이 유일하다. 천왕성을 발견한 윌리엄 허셜의 여동생인 캐롤라인 허셜은 혜성 8개, 성운 3개를 최초로 발견했다.

마리아 미첼의 충고는 유한한 우리 인생을 어떤 자세로 살아야 할지 단적으로 가르쳐 준다. 우연히도 인도의 성자로 불리는 마하트마 간디도 같은 말을 남겼다. "내일 죽을 사람처럼 살아라. 영원히 살 사람처럼 배워라(Live as if you were to die tomorrow. Learn as if you were to live forever)."

눈이 제일 게으른 법이다.

－김해시 늙은 농부

고등학교 국어교사인 지인이 오래전 동네 어른에게 들었다며 소개해 준 격언이다. 큰 과제나 일거리를 앞두고 꾀가 나는 것은 사람의 본능이다. 모내기든 김매기든 너른 땅을 눈으로 살피며 좀체 엄두를 내지 못한다. 그럴 때마다 농부 어르신은 "눈이 제일 게으르다"고 말했다. 그리고 바로 일을 시작하셨다. 신기하게도 언제 다 하지 싶던 일은 시간이 흐를수록 진도가 오르고, 마침내 생각보다 빨리 끝나곤 했다. 결국 핵심은 눈이 아니라 손발, 걱정이 아니라 행동이었던 것이다.

끝나기 전에는 끝난 게 아니다.

−요기 베라(1925~2015, 미국 프로야구 선수·지도자)

It ain't over till it's over

1973년 7월, 미국 야구 메이저리그에서 요기 베라가 감독인 뉴욕 메츠는 시카고 컵스에 9게임 반이나 뒤져 있었다. 한 기자가 "시즌은 끝난 건가요?"라고 질문하자 베라는 야구계 최고 명언 중 하나로 꼽히는 대답을 한다. "끝날 때까지는 끝난 게 아니다." 실제로 메츠는 그해 리그 우승을 거머쥐고 월드시리즈에 진출했다.

선수 시절 요기 베라는 미국 프로야구 월드시리즈의 유일한 퍼펙트게임을 이끈 전설적인 포수였다. 선수생활 19년 중 15년 동안 올스타에 선정됐으며, 1972년 명예의 전당에 올랐다.

이 또한 지나가리라.

This too shall pass.

솔로몬왕의 지혜와 이 말을 연결시킨 유대민족의 전승민담이 있다. 왕이 지혜로운 자들을 불러 반지를 만들게 했는데, 반지에 '슬플 때는 기쁘게, 기쁠 때는 슬프게 만드는 문구를 넣으라'고 명령했다는 것이다. 완성된 반지에 새겨진 문구가 바로 "이 또한 지나가리라"였다. 기쁠 때 교만하지 말 것, 그 어떤 슬픔도 언젠가는 가신다는 진리를 잊지 말라는 가르침이다. 동양에서 말하는 항심(恒心) 또는 처변불경(處變不驚)의 경지다.

많은 사람들이 이 말 덕분에 슬픔에서 벗어나 다시 일어설 힘을 얻는다. 고난 속에서 힘겨울 때도 이 말을 생각하며 버텨낼 용기를 얻는다. 고대부터 그랬던 것 같다. 일찍이 페르시아 수니교의 시에 이 격언이 등장한다고 한다.

될 대로 되는 거다.
걱정하지 마라.

− 잇큐 소쥰(1394~1481, 일본 임제종 승려)

なるようになる. 心配するな.

일본 중세 무로마치 시대의 선승이자 시인 잇큐 소쥰(一休宗純)은 파격적인 기행(奇行)으로 유명하다. 고기와 술을 먹는 것은 물론 남색을 일삼고 자식까지 두었다고 전해진다. 남의 절에 가서 여래불상을 베고 잠자기도 했다. 당대의 규격화·형식화된 불교신앙 풍토를 조소한 행동으로 해석하기도 한다.

"될 대로 되는 거다. 걱정하지 마라"는 말은 그의 유언장 내용이라 한다. '될 대로'라는 말은 '아무렇게나'라기보다 '원래 그렇게 되기로 정해진 대로'라는 뜻으로 해석해야 할 듯하다. 천천히 되풀이해 읊노라면 묘하게 사람을 안정시키는 힘이 있는 문구다.

종교가 유한함에 대한 대답이라면,
예술은 유한함에 대한 질문이다.
저녁놀처럼 그냥 사라지고 마는 어떤 것,
아름다움이 무엇인지 묻는 게 예술이다.

― 이창동(1954~, 작가·영화감독, 전 문화관광부 장관)

마치 예술과 종교에 대한 수많은 논문, 에세이들을 한마디로 요약해
놓은 것 같다. 이창동 감독의 내공이 느껴지는 말이다.

무릎 꿇고 살기보다 서서 죽는 게 낫다.

－에밀리아노 사파타(1879~1919, 멕시코 혁명 지도자)

It is better to die on your feet than to live on your knees.

일제 치하에 신음하던 식민지 조선에서 3·1운동이 터진 지 한 달 뒤인 1919년 4월 10일, 태평양 건너 멕시코에서는 걸출한 혁명가가 정부군의 매복에 걸려 살해당했다. 자기가 늘 하던 말처럼 장렬하게 '서서' 죽었다. 불과 마흔 살이었다. 디아스 독재정권에 항거했던 사파타는 오늘날 멕시코의 국민영웅 대접을 받고 있다.

기억해보면 사파타의 유명한 이 말은 일찍이 한국에도 수입된 듯하다. '정의가', '스텐카라친'과 함께 초기 운동권 가요로 1970~1980년대 대학가에서 많이 불린 '훌라송'에 "무릎 꿇고 살기보다 서서 죽길 원한다"는 가사가 있다.

예술은 진리가 아니다.
예술은 우리가 진리를 깨닫게 해주는 거짓말이다.

-파블로 피카소(1881~1973, 스페인 화가)

Art is not truth.
Art is a lie that makes us realize truth.

《채근담》에 이런 구절이 있다. '금자광출 옥종석생 비환 무이구진(金自鑛出 玉從石生 非幻 無以求眞), 도득주중 선우화리 수아 불능이속(道得酒中 仙遇花裡 雖雅 不能離俗).' 뜻을 새기자면 '금은 광석에서 나오고 옥은 돌에서 나오니 환상이 아니면 진리를 구할 수 없다. 도를 술 속에서 얻고 신선을 꽃 속에서 만난다고 하는데, 비록 멋지지만 속됨을 벗어나지 못한다' 정도가 되겠다. 필자가 고교 시절부터 좋아하던 구절이다.

전혀 닮아 보이지 않는 광석에서 금을 뽑고 돌덩이에서 옥을 빼내므로 진리는 실제가 아닌 환(幻)에서 나오는 셈이다. 술잔에서 도를 얻고 꽃에서 신선을 만난다고 하니 우아해 보이긴 하지만 그 역시 속되기는 마찬가지다. 날카로운 역설의 중첩이다.

피카소의 예술론은 신기하게도 《채근담》의 '비환 무이구진'과 일맥상통한다. 예술 자체는 진리가 아니다. 환상이요 거짓말이다. 그러나 우리는 그 거짓을 통해 진리를 깨달을 수 있다. 예술이라는 거짓이야말로 진리에 다가가는 환상이기 때문이다. 20세기 최고의 화가로 불리는 피카소는 "좋은 예술가는 베끼고 위대한 예술가는 훔친다(Good artists copy, great artists steal)"는 유명한 말도 남겼다.

당신의 아이에게 손을 치켜들지 마라.
그러면 당신의 몸통이 무방비 상태가 된다.

─로버트 오벤(1927~, 미국 유머 작가)

Never raise your hand to your children;
it leaves your midsection unprotected.

미국 최고의 코미디 작가였으며 제럴드 포드 대통령의 스피치 라이터로 일하기도 했던 로버트 오벤의 가족 명언이다. 어떤 일이 있어도 아이를 때리지 말 것. 아이에게 손을 댈 경우 결국 고통과 손해를 당하는 쪽은 당신이다.

미국 배우이자 코미디언인 레드 버튼스(1919~2006)도 비슷한 말을 했다. "당신의 아이에게 손을 치켜들지 마라. 당신의 사타구니가 무방비 상태가 된다(Never raise your hands to your kids. It leaves your groin unprotected)."

생각하는 대로 살지 않으면
사는 대로 생각하게 된다.

−폴 부르제(1852~1935, 프랑스 작가·비평가)

One must live the way one thinks or
end up thinking the way one has lived.

사람의 뇌는 몸의 다른 기관에 비해 상대적으로 많은 에너지를 소비한다. 근육과 뼈보다 뇌에 영양분을 많이 배정하는 전략 덕분에 인간은 지구의 지배자가 되었다. 그러나 뇌의 단점은 소중한 에너지를 지나치게 많이 쓴다는 것이다. 그래서 등장한 것이 '습관'이다.

쥐를 미로 상자에 넣고 미로 끝의 먹이를 찾아가게 하는 실험이 있다. 처음에 길을 찾아내기까지 쥐의 뇌는 매우 활발히 움직인다. 그러나 코스에 익숙해지면 뇌의 움직임이 줄어든다. 아는 길을 가는데 굳이 에너지를 낭비할 이유가 없기 때문이다. 습관은 바로 그렇게 형성된다.

그러나 습관은 선악을 구분하는 능력이 없다. 좋은 습관도 있지만 나쁜 습관도 많다. 생각하는 대로 살지 않으면 그저 습관에 몸을 맡기게 된다. 항상 깨어 있을 것. 폴 부르제의 이 말은 작품《한낮의 악마》(1914년)에 나온다.

나는 오늘 하루도 습관처럼, 어제 살던 것과 똑같이 아무런 생각 없이 보내지는 않았는지. 경구를 대할 때마다 반성하게 된다.

만약 당신이 완벽하게 쓸모없는 방식으로
완벽하게 쓸모없는 오후를 보낼 수 있다면,
어떻게 살아야 하는지를 배운 것이다.

－린위탕(林語堂, 1895~1976, 중국 작가·문명비평가)

If you can spend a perfectly useless afternoon
in a perfectly useless manner, you have learned how to live.

'중국의 지성'으로 불리며 저서 《생활의 발견》으로 한국에도 독자가 많은 린위탕의 여유로운 삶에 대한 명언이다. 꽉 찬 병에는 아무것도 더 넣을 수 없다. 때로 병을 비워야 한다. 어른이라면 인생이 별것이면서 동시에 별것 아니라는 사실을 깨달을 줄 알아야 한다(두 명제가 모순이고 상충된다고 느끼면 당신은 인생을 덜 산 것이다). 린위탕은 이런 말도 했다.

"일을 완수하는 고귀한 기술 외에, 아무것도 하지 않고 그대로 두는 더 고귀한 기술이 있다. 인생의 지혜는 중요하지 않은 것을 버리는 데 있다."

사람은 늙었기 때문에 놀지 않는 게 아니라
놀지 않기 때문에 늙는 것이다.

−올리버 웬들 홈스(1809~1894, 미국 시인·의사)

Men do not quit playing because they grow old;
they grow old because they quit playing.

올리버 웬들 홈스는 85세를 살았으니 19세기 사람 치고는 장수한 사람이다. 자기 말대로 많이 논 덕분에 오래 산 듯하다. 그러나 평균수명이 훨씬 늘어난 21세기의 대한민국에서 80대까지 사는 것은 더이상 특별한 일이 아니다. 홈스 말대로 놀 줄도 안다면 더 오래 살 것이다. 문제는 두 가지. 높은 노인 빈곤율과 '놀아본 경험'이 없다는 약점이다. 한국 노인세대는 젊어서 죽어라 일만 하다 어느덧 나이가 들어버렸다. 지나버린 시간은 어찌 해볼 도리가 없다 치고, 지금부터라도 제대로 노는 법을 배워야 하지 않을까. 노는 것도 학습이고 실력이다. 제대로 놀려면 그만한 시간과 노력이 필요하다.

휴가가 가장 필요한 사람은
방금 휴가를 다녀온 사람이다.

−무명씨

군복무 경험이 있다면 일등병 시절 첫 휴가가 끝나고 다시 병영에 들어가던 날을 떠올려 보라. 소풍이든 휴가든 지난 뒤에 생각하면 차라리 가기 전날이 제일 달콤했다. 다 써버린 시간에 대한 회한, 시간뿐이랴. 권력도 그렇고 돈도 그렇고, 어쩌면 인생 전체가 그럴지도 모른다.

죽음은 삶이 만든 단 하나의 최고 발명품이다.

－스티브 잡스(1955~2011, 미국 애플사 창업자)

Death is very likely the single best invention of life.

스티브 잡스가 2005년 6월 12일 미국 스탠퍼드대 졸업식 축사("How to live before you die")에서 한 말이다. 졸업생들에게 그는 미혼모의 아들로 태어나 입양아가 된 어린 시절 이야기부터 대학을 중퇴한 일, 1년 전 췌장암 진단을 받은 사실까지 자신의 인생 역정을 솔직하게 털어놓았다.

시한부 삶임을 인식하고 있었던 잡스는 "누구도 죽기를 원하지 않는다. 천국에 가고 싶은 사람들조차 거기 가려고 일부러 죽지는 않는다. 하지만 죽음은 우리 모두의 종착역이다. 누구도 피할 수 없었다. 죽음은 바로 그런 것이다"라며 죽음을 '삶이 만든 단 하나의 최고 발명품'이라고 정의했다.

스티브 잡스는 어릴 때부터 유별난 아이였다. 초등학교 3학년 때 여자 담임선생님 의자 밑에 폭음탄을 설치해 터뜨렸고, 중학교 3학년 때는 부모 침실에 도청기를 설치해 엿듣다가 아버지에게 들키기도 했다. 그래도 부모는 그를 믿고 재능과 의지를 북돋워주었다. 학창 시절 빠져든 문학·음악·선(禪)은 나중에 애플 창업 후 인문학과 과학이 융합된 새로운 제품들을 만드는 데 밑바탕 역할을 했다.

그는 죽을 때까지 레코드판처럼 틀에 박힌 삶을 배격했다. "우리가 스스로를 잡아먹지 않으면 다른 누군가가 우리를 잡아먹을 것", "태어나느라 바쁘지 않으면 죽느라 바쁠 수밖에 없다"고 말했다. 전체적으로 그는 매우 자기중심적이고 변덕이 심했던, 모순투성이 인물이었다. 그러나 평생을 일관한 열정과 도전, 혁신정신 앞에서는 저절로 고개를 숙이게 된다.

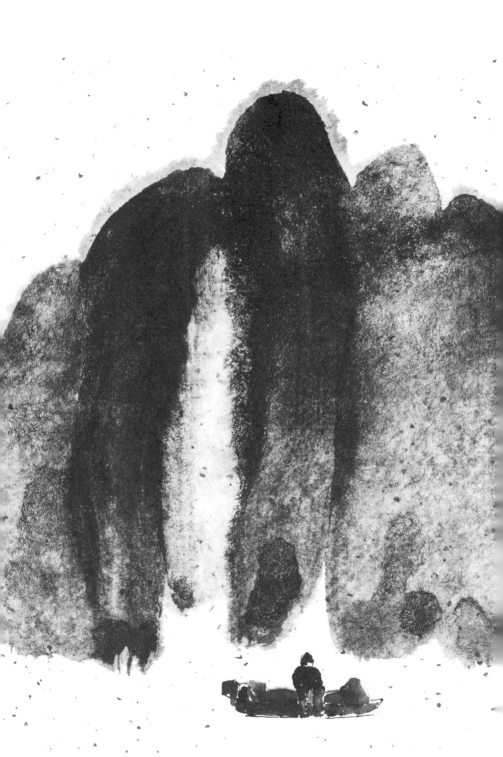

잡스의 스탠퍼드대 연설은 유명한 "항상 갈망하라, 늘 우직하여라 (Stay Hungry, stay foolish)"는 말로 끝난다.

마치 백만 년 전부터 있었던 것처럼 살다가,
단 하루도 존재하지 않았던 것처럼 사라지고 싶다.

몇 년 전 어느 날 문득 떠오른 문구다. 벽에 걸린 칠판에 매직펜으로 써놓고 몇 달간 쳐다보았다. 일에 대해서는 누구보다 치열하고 싶었다. 그러나 맺고 끊을 시점이 닥쳤을 때, 지저분하고 싶지는 않았다. 원래 그 자리에 없었던 것처럼 훌쩍 떠나고 싶었다. 마치 새가 잠시 앉아 있다가 푸드덕 날아간 빈자리처럼.

고백하자면 사실 일보다는 삶과 죽음을 대하는 자세에 대한 작은 소망이었던 듯하다. 이런 마음 상태를 유지하기가 쉽지 않다는 것을 잘 알고 있다. 대개의 사람은 떠날 때가 되어도 마치 백만 년은 더 있어야 할 것처럼 집착을 부리게 마련이다. 일 년에 한두 번쯤 이 문구를 상기하는 것만으로도 가치가 있다고 나는 생각한다.

도저히 쉴 시간이 없을 때가 바로 쉬어야 할 때다.

－시드니 해리스(1917~1986, 미국 언론인)

The time to relax is when you don't have time for it.

혹시 과로로 건강을 해쳐본 사람이라면 100퍼센트 공감할 것이다. 휴식이나 운동은 '시간이 나면' 하는 게 아니다. 일중독은 습관이고 시간 부족도 습관이다. 사방이 할 일로 가득하고 온통 일 생각으로 가슴이 두방망이질을 칠 때, 과감하게 머릿속 두꺼비집(전류차단기)을 내려버리는 것도 방법이다.

고대 그리스 철학자들은 휴식을 '신들에게 가까이 가는 최고의 행위'라고 해석했다. 독일 작가 하인리히 뵐의 《노동윤리의 몰락에 대한 일화》라는 작품에 나오는 한 노인 어부의 이야기를 소개한다.

오전에 일찍 고기잡이를 다녀온 뒤 선창가에서 졸고 있는 노인에게 도시에서 여행 온 사업가가 묻는다. "왜 고기를 더 잡지 않느냐, 더 많이 잡으면 큰 어선도 살 수 있고 냉동창고와 훈제공장을 마련해 큰돈을 벌 텐데." 어부는 "그러고 나면 어떻게 되오?"라고 묻는다. 관광객은 "이 바닷가에 편히 앉아 햇빛을 즐기고 바다를 보며 꾸벅꾸벅 졸 수도 있다"고 답한다. 어부는 "나는 벌써 그렇게 하고 있다. 당신이나 카메라 셔터 누르는 소리로 나를 방해하지 말아 달라"고 말한다. 사업가는 가난한 어부에게 거꾸로 동정심 아닌 부러움을 느낀다.

휴식은 우리가 왜 일하는가 하는 궁극의 질문에 답하는 행위다. 출발 지점으로 되돌아가 근본을 되새기는 작업이다. 언젠가 필연코 닥쳐올 영원한 휴식을 연습하는 행위일 수도 있다.

쉬기에는 너무 바쁜가. 일이 산처럼 쌓여 있는가. 그렇다면 지금이 바로 눈 딱 감고 쉴 때다. 이탈리아에는 "시간에게 시간을 주어라"는 말이 있다고 한다.

수의에는 주머니가 없다.

-무명씨

There are no pockets in a shroud.

내가 아는 한 사업가는 일 년에 두어 번씩 서울 근교 벽제 화장장(서울시립승화원)을 들른다. 친인척이나 지인이 상을 당한 것도 아닌데 그냥 생각나면 무작정 찾아간다고 한다. 아무 관계가 없는 고인과 추모객들 사이에 섞여서 그들이 사랑하던 사람과 이별하는 모습, 서로 위로하고 슬퍼하는 모습을 한 시간쯤 바라보다 보면 마음이 차분해진다는 것이다. 남에게 해코지하지 않고 열심히 살아갈 힘을 왠지 다시 얻게 된다고 한다.

　공수래공수거(空手來空手去). 사람은 빈손으로 왔다가 빈손으로 간다. 동양이든 서양이든 죽은 자의 수의에는 주머니가 없다. 몹시 서운하여 부장품과 함께 한들 산 도둑의 침입으로 유택(幽宅)만 어지러워질 뿐이다. 이 사실만 깨우쳐도 세상 탐욕의 절반은 줄어들 수 있겠다 싶은데.

멈추어라. 그리고 꽃향기를 음미하라.

−월터 하겐(1892~1969, 미국 프로 골퍼)

Stop and smell flowers.

루이스 캐럴의 소설 《거울나라의 앨리스》에는 '붉은 여왕'이 등장한다. 그녀는 끊임없이 달려야만 제자리를 유지할 수 있다. 디디고 있는 바닥이 뒤로 흐르기 때문이다. 멈추면 처진다. 남보다 앞서려면 두세 배 더 빨리 달려야 한다. 혹시 우리도 붉은 여왕처럼, 남보다 뒤질까 봐 항상 조급하고 불안해하며 사는 것은 아닐까. 정작 우리가 지구라는 푸르고 아름다운 별에 잠시 머무는 존재일 뿐이라는 사실은 잊어버리고 말이다.

그래서 미국의 전설적인 프로 골퍼 중 한 명인 월터 하겐은 말한다. "당신은 이곳을 잠시 방문했을 뿐이다. 서두르지 마라. 걱정하지 마라. 그리고 길가에 핀 꽃들의 향기를 꼭 맡아 보아라."

한 시간 행복하려면 마시고 취하라.
일 년 행복하려면 사랑에 빠져라.
평생 행복하려면 정원 가꾸기를 시작하라.

−중국 격언

To be happy for an hour, get drunk;
to be happy for a year, fall in love;
to be happy for life, take up gardening.

단순히 정원 가꾸기의 즐거움을 예찬하는 격언만은 아닐 것이다. 팍팍한 세상을 제대로 살려면 꽉 찬 머리, 팽팽한 근육, 부릅뜬 눈만으론 안 된다. 텅 빈 머리, 긴장이 풀어진 힘살, 지그시 감은 눈과 수시로 교대시켜 주어야 한다. 나는 자연에서 왔고 언젠가 자연으로 갈 것이라는 불변의 진리를 스스로 일깨울 줄 알아야 한다. 정원 가꾸기가 거기에 제격인 모양이다. 흙은 배신하지 않는다니까.

참고도서

《내 영혼은 오래되었으나》, 허수경, 창비, 2001.

《은교》, 박범신, 문학동네, 2010.

《인생은 나에게 술 한잔 사주지 않았다》, 정호승, 현대문학북스, 2001.

《젊은 날의 초상》, 이문열, 민음사, 2015.

《JAL 회생전략》, 인도우 마미 편저, 윤은혜 옮김, 중앙북스, 2014.

《8,789 Words of Wisdom》, Barbara Ann Kipfer, Workman Publishing Company, 2001.

《Best Advice Ever Given: Life Lessons For Success In The Real World》, Steven Price, Lyons Press, 2009.

《Dictionary of Quotations from Ancient and Modern, English and Foreign Sources》, James Wood, Forgotten Books, 2015.

《Dictionary of Wit Wisdom and Satire》, Herbert V. Pronchow, Castle Books, 2005.

《Oxford Dictionary of Political Quotations》, Oxford University Press, Antony Jay, 2006.

《The Book of Positive Quotations》, John Cook(Compiler), Steve Deger(Editor), Leslie Ann Gibson(Editor), Fairview Press, 2007.

《The Daily Book of Positive Quotations》, Linda Picone, Fairview Press, 2007.

《The Dictionary of Modern Proverbs》, Mr. Charles Clay Doyle(Compiler), Wolfgang Mieder(Compiler), Fred R. Shapiro(Compiler), Yale University Press, 2012.

《The Rubicon Dictionary of Positive and Motivational Quotations: Believed to Be the World's Largest Collection of Life-Affirming and Inspiring Thoughts and Sayings》, John Cook(Editor), Rubicon Press, 1994

《The Yale Book of Quotations》, Fred R. Shapiro(Editor), Joseph Epstein(Foreword), Yale University Press, 2006.

《Warriors' Words: A Dictionary of Military Quotations》, Peter G. Tsouras, Arms and Armour Press, 1995.

《366日 命の言葉》, 大橋巨泉, ベストセラーズ, 2013.

《アラブの格言》, 曾野綾子, 新潮社, 2011.

《人生を変る言葉 2000》, 西東社, 2015.

서늘한 말

초판 1쇄 2015년 11월 25일
초판 2쇄 2015년 12월 21일

지은이 | 노재현

발행인 | 노재현
편집장 | 서금선
책임편집 | 이한나
마케팅 | 김동현 이진규
제작지원 | 김훈일

펴낸 곳 | 중앙북스(주)
등록 | 2007년 2월 13일 제2-4561호
주소 | (06040) 서울시 강남구 논현동 6-13 제이콘텐트리빌딩 7층

구입문의 | 1588-0950
내용문의 | (02) 3015-4513
팩스 | (02) 512-7590
홈페이지 | www. joongangbooks.co.kr
페이스북 | www.facebook.com/hellojbooks

ISBN 978-89-278-0699-8 03320